JN082896

ヒューマンエラー防止で減らす保育事故

保育施設 編

ヒヤリハット活動による
安全で働きやすい職場づくり

中目 昭男 ［著］

三恵社

はじめに

　幼稚園や保育園などの教育・保育施設においては、子どもの負傷等の事故が、国が全国から報告を受けるだけでも毎年一千件以上発生しています。その中には、乳児の睡眠中の死亡事故が残念ですが毎年含まれています。そして、一般的に事故といわれるものにおいて、80％から90％がヒューマンエラーによって起こるという見方もあります。幼稚園や保育園などの教育・保育施設における、子どもへの教育・保育のサービスは幼稚園教諭の方や保育士などの方による人手を介する関わりがほとんどと言えます。人手を介するということは、そこには必ずヒューマンエラーによる事故が付いて回ることになるといえます。施設の運営にあたっては、ヒューマンエラーについての問題を避けて通ることはできないと考えます。従って、教育・保育施設における事故を防ぐためには、ヒューマンエラーによる事故を防ぐ取組みをすることが効果をもたらすと考えます。

　そこで本書は、ヒューマンエラーをどうやって防ぐかについて述べたいと思います。ヒューマンエラーによる事故は、エラーをした個人の責任とされてしまい、事故の原因をヒューマンエラーそのものとされてしまいがちです。しかし、ヒューマンエラーによる事故を防ぐには、ヒューマンエラーの発生原因は、エラーを起こした当事者の従事者自身だけの原因とせずに、ヒューマンエラーには何らかの背景要因がありその結果としてヒューマンエラーが発生したと捉えることが必要です。特にその背景要因には、マネジメントを含む組織要因などの環境要因があると考えることが大切です。すなわち、ヒューマンエラーを起こした個人の責任を追及するのでなく、事故が発生した教育・保育の「場」を、職場や事業所経営などの大きな視点により、教育・保育環境を多面的に把握し、発生要因を探し出し再発防止策を講じることが大切となります。

　こうした考え方による事故の発生要因を分析する方法には、様々なものがありますが本書では、筆者が使用してきた経験があり、そ

れなりの使い勝手の良さがある４Ｍ手法について紹介します。４Ｍ手法は、米国の国家交通安全委員会（ＮＴＳＢ）が考案したものといわれ、事故の原因分析および対策を整理する方法として医療現場や航空、鉄道業界など幅広い分野で使用されている手法です。

　そして、ヒューマンエラーを防止する活動を具体的にどのように日々の教育・保育業務の中で推進するかということが課題となります。本書では、それを「ヒヤリハット活動」に取り組むことで実現しようとする考えのもとで、その活動を具体的にどのように展開し運営していくかについて紹介します。「保育所保育指針解説」（厚生労働省）においても、重大事故の発生防止のために、ヒヤリハット事例の収集及び要因の分析を行い必要な対策を講じるなど、組織的に取り組みを行うことに言及しています。ヒヤリハット活動を一生懸命に取り組めば、ヒューマンエラーを減らすことができ、保育事故等を減らすことが出来ると考えます。

　本書は、幼稚園・保育園の責任者の施設長などの保育等従事者の方に向けた実務書として、すぐ使える案内書として書きました。ヒューマンエラーについてもう少し網羅的に知りたい方は参考に示す書籍[1]を読んでください、他にも多くの書籍があります。

　そして、ヒューマンエラーによる事故防止の活動を本気で取り組むことは、結果として、職場づくり、事業所づくりといった保育等従事者の働き甲斐に繋がる取り組みということを認識していただけると幸いです。本書が、子どもへの安全な保育サービスの提供と、保育等従事者の働き甲斐のある職場づくりをしようとしている皆様のお役に立てることが出来れば幸いです。

令和2（2020）年11月
中目昭男

目次

はじめに

第1章　保育施設における保育事故と事故防止

第2章　ヒューマンエラーに着目し保育事故を減らす

第３章　ヒヤリハット活動

資料編

第 1 章　保育施設における
保育事故と事故防止

　ここでは幼稚園・保育園などの教育・保育施設においてどのような事故が発生しているかについて知っておき、皆さんが自分の教育・保育施設での事故防止策を考えるときに活用する情報について、知っておきたい内容について述べます。利用できる事故情報についてのデータベースの概要についても述べておきます。

１．保育施設について

　本書では、乳幼児の保育や教育を行う教育・保育施設 a)など（以下、「保育施設等」という。）　における保育事故（以下、「保育事故等」という。）について述べていきます。すなわち、1 歳未満の乳児および満 1 歳以上から就学前の幼児の子どもに関わる、保育を行う「保育所(保育園)」などの保育施設、幼児教育を行う「幼稚園」などの教育施設、ならびに、それらを行う「認定こども園」などにおいて、組織的に提供される保育や教育における保育事故等を対象に考えていきます。家庭内での保育などにおいて発生する事故については、直接、本書では述べていきませんが保育施設等における話は活用できる内容と考えますので読んで参考にしていただければと思います。教育・保育施設の提供サービスの範囲を図にしたものを図表 1-1 に示します。

---

a)　子ども・子育て支援法では、認定こども園・幼稚園・保育所をいいます。

1

図表 1-1　教育・保育施設の提供サービスの範囲

区　分	保育所(保育園)	認定こども園	幼稚園
根拠法等	児童福祉法に基づく児童福祉施設（保育施設）	学校教育法及び児童福祉法による学校・児童福祉施設(教育・保育施設)	学校教育法に基づく学校（教育施設）
所　轄	厚生労働省	内閣府	文部科学省
提供サービス 0歳から3歳未満の子ども	保育	教育・保育 ・保育所型 ・幼保連携型 ・幼稚園型	
提供サービス 3歳から就学前の子ども	満3歳以上の幼児に対する教育を除く。		幼児教育

2．保育施設等における事故状況について

　保育施設等での保育や幼児教育における現場において、死亡事故、負傷や疾病を伴う事故などの保育事故等がどのようなものが起こっているかとその傾向について知っておきます。

（1）報告が義務付けられている保育事故

　全国の保育施設等における子どもの死亡や疾病に関わる重大事故については、都道府県への報告が義務づけされています[2]。

　報告内容の項目については、①事故概要：事故の状況及び事故発生の要因（自治体のコメントを含む）、②事故詳細：事故発生のソフト面・ハード面・環境面・人的面についての要因分析となっています。その報告が求められている事故の範囲と内容、報告対象としている施設や事業の範囲については図表 1-2 に示すとおりとなっています。これらの保育事故については「教育・保育施設等における事故報告集計」として毎年取りまとめられ公表されています。

図表 1-2　国へ報告する事故の範囲と対象とする施設・事業の範囲

報告対象の重大事故の範囲	主な報告内容	報告対象となる施設・事業の範囲
子どもの死亡、疾病に関わる ・死亡事故 ・治療に要する期間が30日以上の負傷や疾病を伴う重篤な事故等（意識不明（人工呼吸器を付ける、ICUに入る等）の事故を含む）。	・発生状況（発生日時、場所、対応） ・発生後の対応 ・子どもの症状、転帰、死因等 ・事故の誘因 ・発生事故の要因（ソフト面、ハード面、環境面、人的面）及び改善策 ・事業所概要（教育・保育従事者数、発生時の体制、在籍子ども数等）	・特定教育・保育施設（区市町村が施設型給付費の対象と「確認」する教育・保育施設（幼稚園・認定こども園・保育園）） ・幼稚園（特定教育・保育施設でないもの） ・特定地域型保育事業 ・延長保育事業、放課後児童クラブ子育て短期支援事業、一時預かり事業、病児保育事業及びファミリー・サポート・センター事業 ・認可外保育施設

　また、事故が発生した場合の記録のポイントは何か、事故の要因について分析する場合にはどうするのかなど理解するうえで、事故報告の具体的様式について知っておくことは参考になります。

　図表 1-3 に「教育・保育施設等」における事故報告の「事故発生状況」についての報告様式を示します。子育て短期支援事業とファミリー・サポート・センター事業、並びに放課後児童クラブはそれぞれ異なった報告様式が別に定められています。報告様式に目を通しておくことは、事故が発生した時にどのようなことを書き留めておく必要があるかなどのポイントを学ぶことが出来ます。いざという時には、気が動転するなどして冷静に対応し必要な情報を記録しておくことはなかなか難しいものです。

　図表 1-4 に「教育・保育施設等」における事故報告の「事故再発防止の要因分析と改善策」についての報告様式を示します。要因分析に当たって分析する切り口のポイントが分かります。詳しくは、巻末の資料 1 を見てください。報告の系統と報告期日も示されています。国への第一報は原則事故発生当日、遅くとも事故発生翌日にすることが求められています。

図表 1-3　教育・保育施設等様式（事故発生状況等）記載例

事故報告日						報告回数			
認可・認可外						施設・事業種別			
自治体名	○○県○○市 （必ず都道府県名を入れてください）					施 設 名	○○○○○認定こども園		
所 在 地	○○市○○1－1－1					開設（認可）年月日	昭和○○年○月○日		
設置者 （社名・法人名・自治体名等）	○○法人○○会					代表者名	○○　○○		

在籍子ども数	0歳	1歳	2歳	3歳	4歳	5歳以上	学童	合計
	○○	○○	○○	○○	○○	○○	○○	○○

教育・保育従事者数	名	うち保育教諭・幼稚園教諭・保育士	名
うち常勤教育・保育従事者	名	うち常勤保育教諭・幼稚園教諭・保育士	名

保育室等の面積	乳児室	㎡	ほふく室	㎡	保育室	㎡	遊戯室	㎡
		㎡		㎡		㎡		㎡

発生時の体制		名	教育・保育従事者		名	うち保育教諭・幼稚園教諭・保育士		名
	異年齢構成の場合の内訳	0歳	名	1歳	名	2歳	名	3歳　名
		4歳	名	5歳以上	名	学童	名	

事故発生日		事故発生時間帯	
子どもの年齢（月齢）	所属クラス	入園・入所年月日	
子どもの性別		事故誘因	
事故の転帰		（負傷の場合）負傷状況	
（死亡の場合）死因		（負傷の場合）受傷部位	

病状・死因等 （既往歴）	【診断名】	SIDSについては確定診断が出された時のみ記載すること
	【病状】	SIDS疑いの場合は病状として記載してください
	【既往症】	病院名

特記事項 （事故と因子関係がある場合に、身長、体重、既往症、持病・アレルギー、発育・発達状況、発生時の天候等を記載）	※事故と因子関係がある場合の、当該児童の教育・保育において留意が必要な事項（気管切開 による吸引等の医療行為、経過観察中の疾病名等）についても、この特記事項へ記載してください

発生場所	
発生時状況	

発生状況 （当日当園時からの健康状況、発生後の処置を含め、可能な限り詳細に記入、第1報においては可能な範囲で記入し、2報以降で修正すること）	（記載例） 15：20　本児はケーキ（縦2 cm、横2 cm、厚さ2 cm）をほおばりながら食べるという食べ方をしていた。2つ目に手を伸ばし、食べていた。この時、担任保育士は少し離れた場所で他児の世話をしていた。ケーキを食べた本児が急に声を出した泣き出した。保育士が口内に指を入れて、かき出していたが本児の唇が青くなったことに気がついた。 15：25　看護師を部屋に呼んだ後、救急車を要請。口に手を入れ開かせた。背中を強く叩いたが、何も出てこない。泣き声が次第にかすれ声になり、体が硬直してきた。看護師が到着した頃に、チアノーゼの症状が見られた。呼吸困難で、手は脱力した状態であると確認した。看護師が脈をとるとかなり微弱で、瞳孔が拡大している。本児がぐったりとし、顔等が冷たいのを確認。心臓を確認すると、止まっている様に感じ、心臓マッサージを行う。 15：33　救急隊が到着し、心肺蘇生等を実施し、病院へ搬送。 15：45　病院到着。意識不明であり、入院。 ○月○日　意識が回復しないまま死亡。

当該事故に特徴的な事項	（記載例） 普段は0歳児クラスで保育していたが、この日は1歳児クラスと合同で保育していた。

発生後の対応 （報道発表を行う（行った）場合にはその予定（実績）を含む）	（記載例） ・園の対応：　○/○　保育園において児童の保護者と面談 　　　　　　　○/○　保育園で保護者説明会 　　　　　　　○/○　理事会で園長が説明 ・市の対応：　○/○　記者クラブへ概要を説明

※　第1報は赤枠内について報告してください。第1報は原則事故発生当日（遅くとも事故発生翌日）、第2報は原則1か月以内程度に行うとともに状況の変化や必要に応じて追加報告してください。また、事故発生の要因分析や検証等の結果については、でき次第報告してください。
※　第2報報告に当たっては、記載内容について保護者の了解を得た後に、各自治体へ報告してください。
※　記載欄は適宜広げて記載してください。
※　直近の指導監査の状況報告を添付してください。
※　発生時の状況図（写真等を含む。）を添付してください。なお、遊具等の器具により発生した場合には、当該器具のメーカー名、製品名、型式、構造等についても記載してください。

出典：内閣府「特定教育・保育施設等における事故報告等について」（平成29年府子本第912号）

図表 1-4　教育・保育施設等様式（事故の要因分析と改善策）記載例

要因	分析項目		記載欄【選択肢の具体的内容を記載】
ソフト面（マニュアル、研修、配置等）	事故予防マニュアルの有無		（具体的内容記載欄） マニュアルや指針の名称を記載してください
	事故予防に関する研修	実施頻度（　）回/年	（具体的内容記載欄） ※実施している場合は、研修内容・対象者・講師等も簡単に記載してください
	職員配置		（具体的内容記載欄） 事故発生時ではなく、事故発生当日の保育体制としての配置人数について記載してください
	その他考えられる要因・分析、特記事項		当該事故に関連する要因や特記がある場合、必ず記入してください
	改善策【必須】		要因分析の項目を記載した場合は必ず記載すること。改善点がない場合もその理由を記載してください
ハード面（施設、設備等）	施設の安全点検	実施頻度（　）回/年	（具体的内容記載欄） ※具体的方法等を記載してください。
	遊具の安全点検		（具体的内容記載欄） ※具体的方法等を記載してください。また、遊具等の器具により事故が発生した場合には、当該器具のメーカー名、製品名、型式、構造等についても記載してください
	玩具の安全点検	実施頻度（　）回/年	（具体的内容記載欄） ※具体的方法等を記載してください。また、玩具等の器具により事故が発生した場合には、当該器具のメーカー名、製品名、型式、構造等についても記載してください
	その他考えられる要因・分析、特記事項		寝具の種類（コット、布団（堅さも）、ベビーベッド、ラックなど）、睡眠チェックの方法（頻度など）、児童の発達状況（寝返り開始前、寝返り開始から日が浅い場合は経過日数、自由に動けるなど）等、乳児の睡眠環境については、特に詳細に記載すること。分析も含めた特記事項等、当該事故に関連することを記入してください。
	改善策【必須】		要因分析の項目を記載した場合は必ず記載すること。改善点がない場合はその理由を記載してください
環境面（教育・保育の状況等）	教育・保育の状況		運動会の練習中、午睡後の集団遊び中、等具体的な保育状況を記載してください
	その他考えられる要因・分析、特記事項		分析も含めた特記事項等、当該事故に関連することを記入してください。
	改善策【必須】		要因分析の項目を記載した場合は必ず記載すること。改善点がない場合はその理由を記載してください
人的面（担当保育教諭・幼稚園教諭・保育士、保育従事者、職員の状況）	対象児の動き		（具体的内容記載欄） なぜそのような行動をとったのかを明らかにするため、具体的に記載してください（例:朝、母親より風邪気味と申し送りあり、いつもは外遊びをするが室内で遊んでいた等）
	担当職員の動き		（具体的内容記載欄） なぜそのような対応をしたのかを明らかにするため、具体的に記載してください（例；雲梯の反対側で対象児ともう一人の児童を見ていたが、対象児が落下する瞬間に手を差し伸べたが間に合わなかった等）
	他の職員の動き		（具体的内容記載欄） なぜそのような対応をしたのかを明らかにするため、具体的に記載をしてください（例；園庭で他児のトラブルに対応していたため、見ていなかった等）
	その他考えられる要因・分析、特記事項		分析も含めた特記事項等、当該事故に関連することを記入してください。
	改善策【必須】		要因分析の項目を記載した場合は必ず記載すること。改善点がない場合はその理由を記載してください
その他	その他考えられる要因・分析、特記事項		分析も含めた特記事項等、当該事故に関連することを記入してください。
	改善策【必須】		要因分析の項目を記載した場合は必ず記載すること。改善点がない場合はその理由を記載してください
【所管自治体必須記載欄】 事故発生の要因分析に係る自治体コメント ※事業所(者)は記載しないでください。			自治体の立ち入り検査や第三者評価の結果、勧告や改善命令などの履歴があるかどうか、その結果や改善勧告への対応、今後の研修計画等あればその内容等、所管自治体として把握していること、取り組んでいることも含めて記載してください

出典：内閣府「特定教育・保育施設等における事故報告等について」（平成 29 年府子本第 912 号）

(2) 発生事故の概要

　前 2.(1)項の「教育・保育施設等におる事故報告集計」が多面的に集計し実態を示唆しているので、その分析を知っておきます。令和元年の事故報告を集計したもの(平成 31 年 1 月 1 日から令和元年 12 月 31 日の期間内に報告のあった事故)を内閣府が公表[3]しているものについて以下、記述します。就学児童が利用する「放課後児童クラブ」のデータについては割愛しています。

　令和元年分として報告のあった「死亡及び負傷等」については、図表 1-5 に示すとおりです。

- ・死亡及び負傷等の合計報告 1,299 件。
  - 【内訳】
    - ・死亡報告 6 件(その他の認可外保育施設 3 件、認可保育所 2 件、一時預かり事業 1 件)
    - ・負傷等報告 1,293 件(この内 1,011 件(78%)が骨折によるもの)

となっています。毎年一千件以上の負傷等事故が報告されています。この中には、死亡事故も毎年含まれています。

　統計の対象となる教育・保育施設等の幼稚園、認可保育所などの施設・事業者数が区々なので、施設・事業者数 1,000 か所当りの、死亡事故を除いた負傷等件数に換算すると、主な施設で示すと以下のとおりとなります。

- ・幼保連携型認定こども園・・・・・54.5 件/1,000 か所
- ・認可保育所・・・・・・・・・・・・・・・・37.3 件/1,000 か所
- ・保育所型認定こども園・・・・・・・・27.9 件/1,000 か所
- ・幼稚園型認定こども園・・・・・・・・24.5 件/1,000 か所
- ・幼稚園・・・・・・・・・・・・・・・・・・・7.6 件/1,000 か所
- ・認可外保育所・・・・・・・・・・・・・・2.7 件/1,000 か所
- ・小規模保育事業・・・・・・・・・・・・2.6 件/1,000 か所
- ・企業主導型保育施設・・・・・・・・・2.1 件/1,000 か所

図表 1-5　死亡及び負傷等の事故概要

施設区分	負傷等	意識不明	骨折	火傷	その他	死亡	計(件)	(参考)施設・事業者数(時点)
幼保連携型認定こども園	280	0	236	1	43	0	280	5,137 か所 (H31.4.1)
幼稚園型認定こども園	27	0	18	0	9	0	27	1,104 か所 (H31.4.1)
保育所型認定こども園	25	1	17	1	6	0	25	897 か所 (H31.4.1)
地方裁量型認定こども園	1	0	1	0	0	0	1	70 か所 (H31.4.1)
幼稚園	35	0	29	0	6	0	35	4,601 か所 (H31.4.1)
認可保育所	879	6	676	3	194	2	881	23,573 か所 (H31.4.1)
小規模保育事業	13	1	7	0	5	0	13	4,915 か所 (H31.4.1)
家庭的保育事業	0	0	0	0	0	0	0	919 か所 (H31.4.1)
居宅訪問型保育事業	0	0	0	0	0	0	0	25 か所 (H31.4.1)
事業所内保育事業(認可)	1	0	1	0	0	0	1	598 か所 (H31.4.1)
一時預かり事業	2	0	0	1	1	1	3	9,967 か所 (H30 実績)
病児保育事業	0	0	0	0	0	0	0	3,130 か所(H30 実績)
子育て援助活動支援事業	1	0	1	0	0	0	1	890 か所(市区町村)(H30 実績)
子育て短期支援事業	0	--	--	--	--	--	0	ショートステイ849か所トワイライトステイ415か所(H30変更交付決定ベース)
企業主導型保育施設	8	2	6	0	0	0	8	企業主導型保育施設 3,817 か (H31.3.31)
地方単独保育施設	3	0	0	0	0	0	3	認可外保育施設(ベビーホテル・その他)5,903 か所(事業所内保育施設)1,786 か所(H30.3.31)
その他の認可外保育施設	18	0	16	1	1	3	21	
認可外の居宅訪問型保育事業	0	0	0	0	0	0	0	1,977 か所 (H30.3.31)
計	1,293	10	1,011	7	265	6	1,299	

※ 地方単独保育施設とは、都道府県又は市区町村が、認可外保育施設の設備や職員配置等に関する基準を設定し、当該基準を満たすことを条件として、その運営に要する費用について補助を行う等する認可外保育施設のことをいう。
※ 「死亡」には、第1報の報告時に「意識不明」であり、その後、第2報以降の報告時（令和元年12月末までの間）に死亡として報告のあったものを含む。
※ 「意識不明」は、事故に遭った際に意識不明になったもの。（その後、意識不明の状態が回復したものを含み、令和元年12月末までに死亡したものは除く。）
※ 「骨折」には、切り傷やねんざ等の複合症状を伴うものが含まれる。
※ 「その他」には、指の切断、唇、歯の裂傷等が含まれる。
参考：利用児童数　認可保育所 2,059,132人（平成31年4月1日現在）
　　　　　　　　　認可外保育施設 220,853 人、うち事業所内保育施設 77,296人（平成30年3月31日現在）
出典：内閣府「令和元年教育・保育施設等における事故報告集計」（令和2年6月26日）から作成。

(3) 年齢別の死亡及び負傷等

　令和元年分として報告のあった「死亡及び負傷等」の年齢別の状況については、図表 1-6 に示すとおりです。

- 死亡の報告 6 件においては、0 歳が 1 件(17%)、1 歳が 3 件(50%)、2 歳が 2 件(33%)となって、0 歳〜2 歳に集中しています。
- 負傷等の報告 1,293 件においては、6 歳が 177 件(14%)となっているもの、5 歳が 447 件(35%)、4 歳が 299 件(23%)、3 歳が 205 件(16%)、2 歳が 108 件(8%)、1 歳が 52 件(4%)、0 歳が 5 件(0%)と、6 歳になると少なくなりますが 5 歳が最も多く年齢が低くなるにつれて減少しています。

これらは、毎年同様な傾向を示しています。

(4) 場所別の死亡及び負傷等

　令和元年分として報告のあった「死亡及び負傷等」の場所別の状況については、図表 1-7 に示すとおりです。

- 死亡の報告 6 件においては、施設内の室内が 4 件(67%)、施設外が 2 件(33%)となっています。
- 負傷等の報告 1,293 件においては、施設内が 1,159 件(90%)で、そのうち室内が 576 件(45%)、室外が 583 件(45%)となっています。施設外は 133 件（10%）となっています。ほとんどが施設内で発生しています。

上に示した状況についても、毎年同様な傾向を示しています。

図表 1-6　年齢別の死亡・負傷等件数

施　設	0 歳	1 歳	2 歳	3 歳	4 歳	5 歳	6 歳	計 (件)
幼保連携型認定こども園	1	6	14	48	70	94	47	280
幼稚園型認定こども園	0	0	0	7	11	8	1	27
保育所型認定こども園	0	0	2	4	5	13	1	25
地方裁量型認定こども園	0	0	0	0	1	0	0	1
幼稚園	0	0	0	2	9	21	3	35
認可保育所	3 (0)	34 (0)	78 (2)	138 (0)	198 (0)	306 (0)	124 (0)	881 (2)
小規模保育事業	1	3	8	1	0	0	0	13
家庭的保育事業	0	0	0	0	0	0	0	0
居宅訪問型保育事業	0	0	0	0	0	0	0	0
事業所内保育事業（認可）	0	0	0	0	1	0	0	1
一時預かり事業	0 (0)	3 (1)	0 (0)	0 (0)	0 (0)	0 (0)	0 (0)	3 (1)
病児保育事業	0	0	0	0	0	0	0	0
子育て援助活動支援事業	0	0	0	0	1	0	0	1
子育て短期支援事業	0	0	0	0	0	0	0	0
企業主導型保育施設	0	3	3	2	0	0	0	8
地方単独保育施設	0	0	0	2	0	1	0	3
その他の認可外保育施設	1 (1)	6 (2)	5 (0)	1 (0)	3 (0)	4 (0)	1 (0)	21 (3)
認可外の居宅訪問型保育事業	0	0	0	0	0	0	0	0
計	6 (1)	55 (3)	110 (2)	205 (0)	298 (0)	447 (0)	177 (0)	1,299 (6)

※ （ ）内の数字は死亡事故の件数で内数
出典：内閣府「令和元年教育・保育施設等における事故報告集計」（令和2年6月26日）から作成。

図表 1-7　場所別の死亡・負傷等件数

施設区分	施設内		施設外	不明	計 (件)
	室内	室外			
幼保連携型認定こども園	128	140	12	0	280
幼稚園型認定こども園	9	18	0	0	27
保育所型認定こども園	12	10	3	0	25
地方裁量型認定こども園	0	1	0	0	1
幼稚園	15	19	1	0	35
認可保育所	387 (0)	383 (0)	110 (2)	1 (0)	881 (2)
小規模保育事業	11	0	2	0	13
家庭的保育事業	0	0	0	0	0
居宅訪問型保育事業	0	0	0	0	0
事業所内保育事業（認可）	0	1	0	0	1
一時預かり事業	1 (1)	1 (0)	1 (0)	0 (0)	3 (1)
病児保育事業	0	0	0	0	0
子育て援助活動支援事業	1	0	0	0	1
子育て短期支援事業	0	0	0	0	0
企業主導型保育施設	4	2	2	0	8
地方単独保育施設	1	0	2	0	3
その他の認可外保育施設	11 (3)	8 (0)	2 (0)	0 (0)	21 (3)
認可外の居宅訪問型保育事業	0	0	0	0	0
計	580 [44.6%] (4)	583 [44.9%] (0)	135 [10.4%] (2)	1 [0.1%] (0)	1,299 [100.0%] (6)

※　（　）内の数字は死亡事故の件数で内数

出典：内閣府「令和元年教育・保育施設等における事故報告集計」（令和2年6月26日）から作成。

(5) 死亡事故の特徴

　令和元年に報告のあった 6 件の事故については、認可保育所、その他の認可外保育施設、一時預かり事業において事故の報告がなされています。主な死因については図表 1-8、事故発生時の状況については図表 1-9 に示すとおりです。

　死亡事故 9 件では、8 件（89％）が睡眠中の事故となっています。また、睡眠中の事故については、図表 1-10 のとおり「うつぶせ寝」によるものが毎年のように発生しています。

図表 1-8 死亡事故における主な死因

	認可保育所	一時預かり事業	その他の認可外保育施設	合　計 （件）
SIDS	0	0	0	0
窒　息	0	0	1	1
病　死	0	1	1	2
溺　死	0	0	0	0
その他	2	0	1	3
合　計	2	1	3	6

図表 1-9 死亡事故発生時の状況

	認可保育所	一時預かり事業	その他の認可外保育施設	合　計 （件）
睡眠中	0	1	3	4
プール活動・水遊び	0	0	0	0
食事中	0	0	0	0
その他	2	0	0	2
合　計	2	1	3	6

米「その他」は、原因が不明のもの等を分類
出典：内閣府「令和元年教育・保育施設等における事故報告集計」（令和 2 年 6 月 26 日）

図表 1-10 睡眠中の死亡事故のうち「うつぶせ寝」の数

	認可保育所	認可外保育所	合　計
平成24年	2名	3名	5名
平成25年	2名	7名	9名
平成26年	0名	4名	4名
平成27年	0名	6名	6名
平成28年	2名	2名	4名
平成29年	0名	1名	1名
平成30年	0名	2名	2名
令和元年	0名	2名	2名

※平成26年までは認可外保育施設は、地方単独保育施設とその他の認可外保育施設と分類して把握していない。
※平成27～令和元年の地方単独保育施設における「うつぶせ寝」は0名。

出典：内閣府「令和元年教育・保育施設等における事故報告集計」
　　　（令和 2 年 6 月 26 日）

(6) 事故情報データベース

　自分が勤務する保育園などの事業所についての事故防止の改善策を検討し対策を行う上で、他事業所での事故発生状況や改善策を知りたいときに知りたい情報を知ることが必要になってきます。いくつかの事故情報データベースがあるので、それらの特徴を知っておくことは活用する上で役立つので以下に示します。

1) 特定教育・保育施設等におる事故情報データベース

　全国の保育施設等における子どもの死亡や疾病に関わる重大事故については、都道府県に報告が義務づけされています。内閣府はそれを毎年取りまとめて集約しデータベース化を行って公表[4]しています。内閣府のHPに掲載されています。具体的な報告を求めている事故の範囲・内容及び報告対象としている施設や事業の範囲については図表 1-2 に示すとおりです。報告の内容については、①事故概要：事故の状況及び事故発生の要因（自治体のコメントを含む）、②事故詳細：事故発生のソフト面・ハード面・環境面・人的面についての要因分析となっています。詳しくは巻末の資料1に報告様式や報告例を示してあります。どのようなプロセスで報告を集約しているかについても分かりますので参考に見てください。Excel 形式でデータベースをダウンロードして、任意の項目で検索できます。このデータベースを検索し、事故の内容や改善策などいろいろな情報について知ることが出来ます。

2) 学校事故事例検索データベース

　日本スポーツ振興センター（JAPN SPORT COUNCIL）の災害給付金制度により、児童生徒等が学校の管理下で「負傷」などをしたときに、保護者に対して給付金を支払う制度があります。この制度により給付を行った死亡・障害事例をデータベースにしたものです。同センターのHPの「学校安全支援業務」から「学校事故事例検索データベース」[5]にアクセスし、検索を希望する項目を入

力し検索することが出来ます。事故の発生状況の概要を知ることが出来ると共に、幼稚園・保育園の別、保育室・階段・廊下等の場所別、0歳児〜6歳児までの年齢別、雲てい・ぶらんこ等の遊具別のキーワードで検索することができます。

3）事故情報データバンクシステム

　消費者庁と国民生活センターが連携し関係行政機関等の協力を得て、生命・身体被害に関する「消費生活上の事故情報・危険情報」を広く収集し事故防止に役立てるためのデータ収集・提供システムです。消費者庁のＨＰから関連サイトの「事故情報データバンクシステム」[6)]にアクセスします。任意の気になるキーワードを入力して検索することが出来ます。登録の情報内容は、消費者事故に該当するか否かを確認・調査中のものを含んでいるので、ホットな情報も知ることが出来ます。消費者事故とは、消費生活において消費者に被害が発生した事故や事故を引き起こすような事態のことを言います。

　乳幼児、幼稚園、保育園、園庭、保育サービスなどのフリーワードを入力し「乳幼児の事故情報リスト」を得ることが出来ます。公園に設置された遊具についての事故も知ることが出来ます。事故の概要も知ることが出来ます。当該事故が製品等に起因していることが判明している場合は、事業者名、商品名、また原因究明が済んでいる場合は原因究明結果の情報が閲覧できます。登録データは原則1日3回更新されて、トピックの注目事故情報・お知らせは2週間1回程度更新されるので新しい情報を知ることが出来ます。

4）製品事故情報データベース

　NITE（独立行政法人製品評価技術基盤機構）が暮らしの中で使用される製品によって起こった事故の情報を収集し、原因究明を行い、結果を公表しています。リコール情報も整理・公表していま

す。NITE のＨＰの「製品安全」から「製品事故情報・リコール情報」[7]の「事故情報の検索」へアクセスします。製品名などのキーワードを入力すると検索できます。ほ乳びん、紙おむつ、ベビーカー、乳児用玩具、幼児用乗物、遊具などのキーワードで検索できます。

5）関連情報を収集できるポータル

消費者庁ＨＰの「子どもを事故から守る！事故防止ポータル」[8]があり、子どもの不慮の事故を防ぐための「事故防止の取組事例」など、行政からの指針など安全に関わるいろいろな情報にアクセスできます。消費者庁は、消費者安全法に基づき子どもの生命・身体分野に関わる事故情報を一元的に集約し、その分析・原因究明等を行い、被害の発生・拡大防止を図っています。

３．保育施設等における事故防止の取組み

（1）事故防止のためのリスクマネジメント

　保育施設等において、利用者である子どもが一定レベルの質の良い安全な保育等サービスの提供を受けられることを目的として、それを阻害する事象（リスク）を防止する活動を継続していくことが必要です。すなわちリスクマネジメント活動です。図表 1-11 にその活動の手順の流れを示します。リスクマネジメント体制の構築です。

図表 1-11　事故防止のためのリスクマネジメント

STEP1　方針の決定
・組織の責任者(施設長等)が方針を表明
・経営方針や安全活動方針として明文化
・保育等従業者・保護者等への説明

STEP2　体制づくり・運営の仕組みづくり
・委員会等の組織設置(責任者、メンバー)
・会議の運営方法(開催時期、情報共有)
・討議する対象範囲の明確化

STEP3　事故発生リスクの把握
・自保育所等での事故事例 / ヒヤリハット事例
・他保育所等の事故事例
・自保育所等の事故発生リスクの把握

STEP4　リスク分析・評価 / 対策の策定
・発生リスクの要因分析
・当該リスクの評価 / リスクへの対応
・安全対策案の策定

STEP5　対策の実行 / 評価
・安全対策の実行
・必要なマニュアルへの反映(文書化) / 研修
・対策の評価(実施状況、効果、改善策)

その具体的なポイントについては以下のとおりです。

①STEP 1 ：方針の決定

- 事業所の経営責任者または施設長などの運営責任者が安全についての活動についての決意や方針を宣言し表明する。
- その活動方針などについて文書化する。
- 事業所内の保育等従事者と保護者に対して説明する。

②STEP 2 ：体制づくり・仕組みづくり

- リスクマネジメント活動を推進する体制としてリスクマネジメント委員会（安全管理委員会もしくは事故防止委員会など）を設置し、責任者やメンバーを決めて組織化する。
- その委員会の開催時期や具体的な運営方法を決める。
- その委員会にて討議する対象範囲を明確化する。

③STEP 3 ：事故発生リスクの把握

- 自事業所の今までの発生事故事例やヒヤリハット事例などリスク事象の情報を収集する。
- 事故情報データベースなどで他事業所において自事業所の参考となる事故事例のリスク事象の情報を収集する。
- そのリスク事象の情報から自事業所のリスクを把握する。

④STEP 4 ：リスク分析・評価及び対策の策定

- 把握したリスクに対して、その要因を分析し、発生する確率などを考慮しそのリスクを評価する。要因分析の具体的な方法については、第2章で述べます。
- そのリスクに対しての対処方針を決める。該当するリスク事象を、除くか避けるなどの「リスク回避(除去)」、外部サービス等利用で肩代わりしてもらうことや保険等の利用による「リスク移転」、該当する事象の発生確率が小さく保育サービスへの影響が低いことが見込まれる場合にはそれを受容する「リスク保有」、何らかの対策を行いその事象を低減させる「リスク低減」、の4つの方針があります。
- その対処方針に基づく対策（再発防止策）を策定する。

⑤STEP 5 ：対策の実行と対策の評価

・事故防止対策を実行する。手順書やチェックシート、マニュアルなど文書化し実施の徹底を図る。保育等従事者に対して必要な研修を行う。一定期間後に、その対策が実行し易いか、効果があるか否かの評価を行う。実行中の対策の変更や改善が必要であればさらに改善策を策定する。

（2） ４Ｍ手法による要因分析

　事故が発生した場合、事故に直接関与した保育士と子どもについてだけ事故が発生した要因を探すだけでは、効果的な事故の再発防止策を講じることはできません。たまたま運悪く事故が発生してしまったという考え方をしても事故の再発防止策は考えつきません。関係した保育士等の個人責任を追及することをしてはいけません。限られた短い時間で、事故の要因分析をして再発防止策を考えて報告しなければならないという状況では、表面的な事故の分析を行って再発防止策を講じることが起こりがちです。発生した事故には必ず背景要因がありいろいろな要因が重なって事故が発生したという発想をすることが大切です。事故の原因を多面的に掘り下げて検討し再発防止策を講じるということが必要です。この考えに基づく要因分析のアプローチ手法の一つが４Ｍ手法です。いろいろな手法に興味がある場合は、紹介している文献がありますのでご覧ください。

　４Ｍ手法とは、米国の国家交通安全委員会（ＮＴＳＢ）が考案したもので、航空宇宙局（ＮＡＳＡ）でも活用している４つのＭから事故を分析するものです。４つのＭとは、Man（人）、Machine（機械・設備）、Media（環境）、Management（管理）です。後述する４Ｍ－４Ｅ分析手法はＮＡＳＡが、事故の原因分析および対策を整理する方法として採用したもので、医療現場や航空、鉄道業界での事故調査でも利用されています。筆者は、サービス提供を行う事業所運営において実際に使用した経験から、使い勝手が良い手法であると認識しています。

1) モデルの概要

　４Ｍ手法の各要素の関係イメージを図にしたものを図表1-12に示します。

図表 1-12　４Ｍ手法の要素

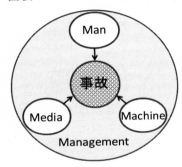

・<u>Man</u>:<u>人</u>。保育従事者等
・<u>Machine</u>:<u>機械</u>。遊具・道具
・<u>Media</u>:<u>環境</u>。保育環境、コミュニケーション、
　　　　　　マニュアル
・<u>Management</u>:<u>管理</u>。組織・規定、指示・役割分担、
　　　　　　　　教育・訓練

４つの要素については次のとおりです。

①Man（人）については、直接、間接に関わる人に関することで、人間関係も含まれます。当事者本人の内的な要因としての身体的状況、心理的・精神的状況、技量、経験、知識、意識フェーズなどです。また、外的な要因として、本人のとった行動に対する作業仲間・上司・関係部門とのコミュニケーション内容、あるいは子どもとのコミュニケーション内容がどうだったかについてです。

②Machine（機械・設備）については、遊具、玩具、機器などの強度、機能、品質などハードウエアに関することで、遊具の配置、保育環境、作業スペース、通路の状態、道具、マンマシン・インターフェースも含まれます。

③Media（環境）については、自然環境として寒かった雨が降っていたなどの気象、地形などです。また、人工環境としての保育等施設、設備環境、保育場所、照明などの環境および保育等方法・手順・マニュアル・チェックリストなどの作業情報についてのことです。勤務時間や労働条件も含まれます。

④Management（管理）については、組織の保育計画、指揮監督や指示の内容と役割分担などの方法、教育・訓練方法の事柄です。組織、規定・制度、安全管理方針なども含まれます。

　図表1-13に４M手法の各要素の内容例示を一覧表にしたものを示します。もう一つのMとしてMission（任務・職務）を加えて５Mとして整理することもあります。この場合のMission（任務・職務）は、作業目標としての内容と時間的制約（期日・所要時間など）、役割分担についての事柄などになります。

図表 1-13　　４M手法の各要素例示内容

区分	Man （人）	Machine （物・機械）	Media （環境）	Management （管理）
内容	・人間要素 ・保育従事者本人 ・上司、同僚等の関係する人 ・身体的状況 ・心理的、精神的状況 ・技量 ・知識 ・立ち位置	・設備、遊具、玩具 ・遊具等の強度、配置 ・品質、機能 ・道具 ・保育スペース ・マン・マシン・インターフェース	【人工環境】 ・保育施設環境 ・人間関係環境 ・コミュニケーション（マニュアル、手順書、チェックリスト等情報環境） ・照明 ・労働条件、勤務時間 【自然環境】 ・気象、地形	・組織 ・管理規定、制度 ・保育計画 ・指示の内容 ・保育の役割分担 ・保育の目的 ・仕事の期限 ・教育、訓練方法 ・安全管理方針

2）モデルを活用した対策案の検討

　４M－４E分析手法は、前項の４つのMと、①Education（教育、訓練）、②Engineering（技術・工学）、③Enforcement（強化・徹底）、④Example（模範・事例）の４つのEを列と行にした組み合わせた表（「マトリックス表」といいます。）を作成して、要因や対策を書き出して対応策を検討するものです。このマトリックス表を用いた検討方法により、事故の原因ごとの対策案を「漏れなくダブりなく」網羅的に分析し検討することが可能となります。①から④までの４つのEに⑤Environment（環境）を加えて５つのEとして４M－５E分析手法という場合もあります。図表1-14に４M－５E分析のマトリックス表を示します。

図表 1-14 における「具体的要因」欄には、事故の要因について 4 Mの視点から分類し該当すると考えられる内容を記入します。

　このような表を使用して対応策を検討する方法は、気づきのきっかけが得られるとともに、検討の漏れを防ぐ働きがあります。事故の分析や対応策の検討に慣れていない方にも利用しやすい手法です。このため現場の保育等従事者自らが要因分析を行うことに適していると考えます。

図表 1-14　4 M－5 E分析マトリックス表

区　分		Man (人)	Machine (物・機械)	Media (環境)	Management (管理)
具体的要因					
対応策	Education (教育・訓練)				
	Engineering (技術・工学)				
	Enforcement (強化・徹底)				
	Examples (規範・事例)				
	Environment (環境)				

　対応策として検討する 5 つのEの要素について説明しておきます。詳しくは、第 2 章 3.(2)項「4 M－5 E分析マトリックス表による事故防止策」のところで述べますのでそれを参照してください。
①Education：教育、訓練。保育等業務を遂行するために必要な能力、意識を向上させるための方策。
②Engineering：技術・工学。安全性を向上させるための設備、方法の技術的な方策。遊具・玩具・IT等機器の改善、表示・警報、多重化、使用する機器・遊具・玩具や材料の変更等。
③Enforcement：強化・徹底。保育等業務を確実に実施するため

の強化・徹底に関する方策。規定化、手順設定、注意喚起、キャンペーン等。

④Example：模範・事例。具体的な事例を示す方策。改訂したマニュアルを配布して行動変容を促す等。

⑤Environment：環境。事故が発生した環境要因に着目し保育等環境などの改善に関する方策。職場環境の改善も含みます。

　ここで、保育施設等における子どもの死亡や疾病に関わる重大事故が発生した場合に都道府県への報告する際に使用する報告様式における事故要因分析項目と４Ｍ手法の要因分析項目との対照を示しておきます。４Ｍ手法の項目が事故報告項目を包含しており、かつ項目が分かり易く対応しています。事業所として４Ｍ手法による要因分析方法を採用し慣れ親しんでいくことは、万が一事故報告を行うことになった場合、役立ちます。

図表 1-15　　４Ｍ手法と事故報告様式の要因分析項目の対照

	区分	Man（人）	Machine（物・機械）	Media（環境）	Management（管理）
４Ｍ手法	内容	・人間要素 ・保育従事者本人 ・上司、同僚等の関係する人 ・身体的状況 ・心理的、精神的状況 ・技量 ・知識 ・立ち位置	・設備、遊具、玩具 ・遊具等の強度、配置 ・品質、機能 ・道具 ・保育スペース ・マン・マシン・インターフェース	【人工環境】 ・保育施設環境 ・人間関係環境 ・コミュニケーション（マニュアル、手順書、チェックリスト等情報環境） ・照明 ・労働条件、勤務時間 【自然環境】 ・気象、地形	・組織 ・管理規定、制度 ・保育計画 ・指示の内容 ・保育の役割分担 ・保育の目的 ・仕事の期限 ・教育、訓練方法 ・安全管理方針

⇩　　⇩　　⇩　　⇩　　⇩

	区分	人的面（幼稚園教諭・保育従事者の状況）	ハード面（施設、設備等）	環境面（教育・保育の状況等）	ソフト面（マニュアル、研修、職員配置等）	その他
事故報告分析項目	内容	・対象児の動き ・担当職員の動き ・他の職員の動き（なぜそのような行動・対応をしたかが分かるように具体的に記載）	・施設の安全点検（方法、頻度：回/年） ・遊具の安全点検（方法、頻度：回/年） ・玩具の安全点検（方法、頻度：回/年）	・教育・保育の状況	・事故予防マニュアル・指針の有無（名称） ・事故予防に関する研修（内容、対象、講師、頻度：回/年） ・職員配置（当日の保育体制、配置人数）	・その他の考えられる要因・分析、特記事項

(3) 子どもの安全を確保し維持する枠組み

　保育施設等のおける子どもの安全を確保し維持することを目的とする、リスクマネジメント活動についての枠組みについては、図表1-16 に示すとおりとなります。リスクマネジメント活動そのもの自体の活動以外に、①日常業務における安全管理と衛生管理、②自然災害や新型インフルエンザなどの災害時等に備えた安全管理と衛生管理、ならびに③保育士等従事者が必要な研修によりスキルを獲得・維持するとともに、子ども自身が安全について学んで習うことがあります。この他に、家庭や地域での保育等における安全管理と衛生管理との連携も必要です。

図表 1-16　保育施設等における子どもの安全を守る枠組み

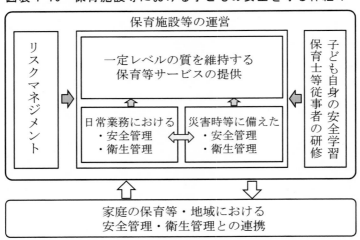

　前述の「②災害時等に備えた安全管理や衛生管理」については、事業所として作成する事業継続計画(ＢＣＰ：Business Continuity Plan)がその役割を担います。国は保育施設等においてもＢＣＰを策定することを推進しています[9]。本書においては、この領域について述べることを割愛しますが、関心がある方は参考文献[10]などを参照願います。

(4) 事故防止の取組み

　子ども・子育て支援制度においては、「特定教育・保育施設及び特定地域型保育事業の運営に関する基準」（平成 26 年内閣府令第 39 号）第 32 条第 1 項第 1 号及び第 50 号の規定において、特定教育・保育施設及び特定地域型保育事業者は、事故が発生した場合の対応等が記載された事故発生防止のための指針を整備することとされています。これを踏まえて、国はその技術的な助言に相当するものとして「教育・保育施設等における事故防止及び事故発生時の対応のためのガイドライン」[11]（以下「ガイドライン」という。）を示しています。それぞれの事業者が、事故の発生防止等のための取組みの第 1 歩となるものとして示しているものです。具体的かつ実践的な内容で活用できる有益なものと考えます。参考例として、具体的な安全の保育等ポイント、安全点検項目、各種チェックリスト一覧などが含まれていて、ちょっと手を加えればすぐ使用できる内容です。参考資料 2 として巻末に記載していますので、ぜひ活用して頂きたいと思います。その内容は、前述の (3) 項の「①日常業務における安全管理や衛生管理」に関わることに相当するものです。

　ガイドラインに記載されている主な内容項目については図表 1-17 に示すとおりです。自園で作成配備しているマニュアル類が該当の項目を網羅しているか否か確かめてください。「誤嚥・窒息事故防止」の参考例は詳しいものが記載されています。施設内設備の点検チェックリスト、固定遊具の点検チェックリスト、年齢ごとのチェックリストなどすぐ使えるものが記載されています。

図表 1-17　ガイドラインの主な項目一覧

1 事故の発生防止（予防）のための取組み
（1）安全な教育・保育環境を確保するための配慮点等
　① 重大事故が発生しやすい場面ごとの注意事項について
　　ア 睡眠中（乳児の窒息リスクの除去）
　　イ プール活動・水遊び
　　　・監視体制の強化（監視と指導者の配置・役割分担の明確化）
　　　・保育従事者への事前教育
　　　・保育従事者への緊急時の実践的な訓練
　　ウ 誤嚥（食事中）
　　　・子どもの食事に関する情報共有
　　　・窒息につながる食材の認識・食事介助と観察
　　　・誤嚥発生への気付き・観察
　　　・過去の事故発生食材の使用回避・保護者との情報共有
　　エ 誤嚥（玩具、小物等）
　　　・窒息等可能性のある小物等を身近に置かない
　　　・部品が外れない玩具等の利用
　　　・誤嚥につながる可能性のあるものを身に着けない・保護者との情報共有
　　　・危険性のある類似形状の玩具を施設内から除去
　　オ 食物アレルギー
　　　・アレルギー疾患生活管理指導表に基づく該当食物の完全除去
　　　・食物アレルギーの子どもへの除去食・代替食による対応
　　　・家庭で摂ったことのない食物を基本的に食べさせない
　　　・除去食・代替食の提供プロセスにおける人的エラーに注意する
　　　・人的エラー発生場面におけるエラーを減らす/気付く方法のマニュアル化
　② 事故の発生防止に関する留意点
　　・事故の発生防止の活動
　　・事故の発生防止に向けた環境づくり（職員間コミュニケーション、情報共有化、苦情解決、安全教育）
　　・日常的な点検（点検項目の明確化、定期的点検・記録、改善、職員への情報共有）
　　・教育・保育中の安全管理（随時環境整備）
　　・重大事故の発生防止・予防への組織的取り組み
　　・ヒヤリハット情報収集と要因分析・事故防止対策
（2）職員の資質の向上
　① 研修や訓練の内容
　　・各種訓練の計画的実施、救急対応実技講習の定期的受講、119番通報訓練
　② 研修への参加の促進
（3）緊急時の対応体制の確認
　① 緊急時の役割分担を決め、掲示する。
　② 日常の準備（受診医療機関のリスト、救急車の呼び方、受診時の持ち物、
　　　通報先の順番・連絡先等を示した図等）
（4）保護者や地域住民等、関係機関との連携
（5）子どもや保護者への安全教育
（6）設備等の安全確保に関するチェックリスト
（7）事故の発生防止のための体制整備（責任者のリーダーシップ・組織による対応）
2 事故の再発防止のための取組み
（1）再発防止策の策定
（2）職員等への周知徹底

また、前述の「③保育士等従事者が必要な研修によりスキルを獲得・維持」関係する情報として、就業中の保育士が習得を希望する知識・技術についての東京都のアンケート結果 12)があります。図表1-18に示します。子どもの事故防止に関係するものについて、「救命救急」（55.1％）、「食育・食物アレルギー対応」（49.2％）、「安全管理」（48.9％）、「衛生管理」（34.3％）と、関心を持っていることが分かります。
　保育等従事者への研修や訓練についての企画や、研修への参加を促進することを図るうえで参考になると考えます。

図表 1-18　就業中の保育士が習得を希望する知識・技術

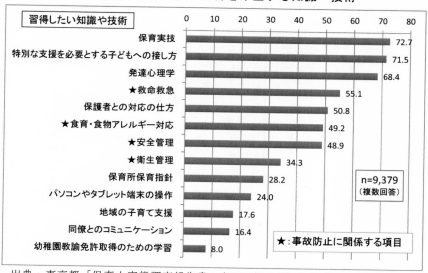

出典：東京都「保育士実態調査報告書」（2019 年 5 月）に加筆

(5) 保育等従事者の労働災害と事故防止

　子どもへの保育等サービスを担っている保育等従事者についての事故、すなわち労働災害についてどうなっているか見ておきます。子どもへの安全な保育サービスを提供すると同時に、保育等従事者自身の安全と健康を確保することは大切なことです。

1) 保育・児童施設における労働災害

　東京労働局のデータ [13] によると、保育・児童施設における労働災害の発生状況は、「転倒」が38％、「腰痛等」が32％と大きな割合を占めており、次に「激突」が9％となっています。それらを円グラフに示すと図表1-19のとおりとなります。

図表 1-19　保育・児童施設の労働災害

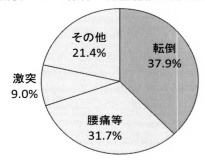

出典：厚生労働省東京労働局（平成29年）

2) 保育・児童施設における労働災害の防止策

　労働災害における大きな割合を占める「転倒」「腰痛等」「激突」について、厚生労働省東京労働局は労働災害事例とそれぞれの防止策のポイントを示しています。それを一覧表にしたものを図表1-20に示します。一つ一つの内容については、特段、目新しく難しいことでなくすぐに取り組むことが出来ることと考えます。一つ一つが小さなことと思えても、それらを徹底し実行することが

安全には大切になると考えます。事故は「うっかり」「つい急いでしまい」「たまたま」などで発生してしまいます。出来ることを行っていなかったときに事故は発生します。

図表 1-20　転倒・腰痛・激突の防止対策のポイント

転倒防止対策のポイント

①	大きな荷物を抱えて移動するなど、足元が見えない状態での階段の移動は危険。	
②	通路、階段、出口に 物を置かない。	
③	水がこぼれるなど床が濡れ たらすぐに拭きとる。	
④	作業を行う際は、接地面積が 広く滑りにくい履物を履く。	
⑤	園内の段差のある個所や滑りやすい場所などをまとめ、転倒危険マップを作成し、周知しよう。	
災害事例	ケース1	食器のトレイを両手に持っており、椅子につまずき転倒。休業6か月。(60歳女性)
	ケース2	押入れの布団を出す際に床に置いた布団に乗り上げ転倒。休業3か月。(57歳女性)

腰痛防止対策のポイント

①	床上で行う赤ちゃん体操やおむつ交換は前かがみにならないよう作業台の上や、両足を開いて座った姿勢で行う。	
②	抱える、おぶう、肩車、突然の追突され、ぶら下がられる、これらは腰背部に負担大となる。	
③	トイレ介助においては、保育士が深 くしゃがむのをためらわないように、トイレや汚物槽を清潔に保つ。	
④	事務作業は、床に座ったり、幼児用の 小さな机・椅子を使ったりせず、成人用の机・椅子を使う。	
⑤	作業姿勢・動作が最も重要！ 片足を少し前に出し膝を曲げる！ 十分に腰を下ろす！ 背を伸ばし、腰を捻らず！ 対象に体を近づけ作業！ 膝を伸ばすように立つ。	
災害事例	ケース1	しゃがんでいるとき、後ろから子供に乗りかかられ腰痛を発症。休業3か月。(25歳女性)
	ケース2	ベビーカーへの子供の抱え上げを長期間続けたため腰痛を発症。休業1か月。(47歳女性)

激突防止対策のポイント

①	曲がり角などは子供が飛び出してくる可能性が！ 危険な箇所にはカーブミラー！ 停止線！ 目立つマーカー！、危険の「見える化」を進める。	
②	物は置く場所を決め、床を整理整頓する。	
③	足元が見えない状態での移動は注意する。	
④	急がない！ 急ぐと注意が散漫になる。	
⑤	視線が下に行きがちに！ 頭上は要注意。	
災害事例	ケース1	滑り台で園児に気を取られ、臀部を強打。尾骨骨折。休業1か月。(53歳女性)
	ケース2	園児のけんかの仲裁に駆け出した際に遊具にぶつかり、骨折。休業1か月。(53歳女性)

出典：東京労働局「安全対策リーフレット(保育・児童施設編)」(平成31年2月) から作成

第2章　ヒューマンエラーに着目し
保育事故を減らす

　事故といわれるもののうち 80%から 90%がヒューマンエラーによって起こるという見方もあります。事故を防ぐうえでヒューマンエラーを出来るだけ起こさないということが大切になってきます。本章では「ヒューマンエラー」とは何か、その範囲を考えてみると共に、ヒューマンエラーが発生する原因と防止を考えます。

1．ヒューマンエラー事故の原因を考える

　ヒューマンエラーは、エラー起こした当事者だけの原因にせず、必ずエラーが発生した背景があると考えます。それによりヒューマンエラーの要因を探り出して再発防止策を考え出します。ヒューマンエラーは誰しも起こしてしまうものと考えることが大切です。責任を一生懸命に果たそうとして結果的にヒューマンエラーを起こしてしまうことも多くあります。再発防止策を検討するにあたっては、ヒューマンエラーを起こした当事者だけの原因だけにせず、当事者の責任追及にならないようにすることが大切です。

(1)　ヒューマンエラーとは
1)　ヒューマンエラーの定義

　「ヒューマンエラー」という語句は最近、聞きなれてきた言葉と思いますが、あいまいなところもあるのでどのようなことをいうのかを改めて考えてみましょう。英語においては、「エラー(error)」は誤り・間違い・過失の意味があり、「ミス(miss)」は

取り損なうこと・しそこなうこと（「間違い」ではありません）の意味、「ミステイク（mistake）」は間違えること・判断の誤りの意味があります。一方、日本語においては、「エラー」は、間違うこと・失敗することの意味が、「ミス」は失敗することの意味や、「ミステイク」の略称の意味にも使われています。「エラー」と「ミス」は同じような意味で使われています。

「ヒューマンエラー」については、日本産業規格の信頼性用語（JIS-Z8115:2000）において「意図しない結果を生じる人間の行為」と定義されています。ちょっと抽象的な表現で分かりにくい表現です。日本ヒューマンファクター研究所は「ヒューマンエラーとは、達成しようとした目標から、意図とは異なって逸脱することとなった期待に反した人間の行動である」14) としています。この方が分かり易い定義と考えます。

2）ヒューマンエラーの位置づけ

子どもへ保育等サービスを提供にしている保育施設等において、保育等従事者の行動には、事故の発生に直接関わるヒューマンエラーの行動以外に様々な不安全行動があります。後で述べる事故には至らない「ヒヤリハット」事象に関わる行動も不安全行動の一つです。ヒューマンエラーという行動については、かなり広範囲なことを含んでいます。いろいろな視点で把握しておくとヒューマンエラーの防止を考える際に役立ちます。

保育サービスの中でヒューマンエラーという不安全行動の位置づけを、縦軸に「保育サービスへの影響度」を、横軸に「意図的に行った行為か否か」を取り図示すると図表 2-1 のようになります。横軸の上方に位置する第一象限と第二象限のところはサービスに悪影響を与える領域、横軸の下方の第三象限と第四象限のところはサービスに悪影響を与えない領域を表しています。意図的にサービスへ影響を与える行動の最たるものとして「意図的事故」があります。意図的に規則違反を行うものや犯罪などが該当しま

す。子どもへの虐待行為や暴力行為などが該当します。広い意味では子どもへの人権侵害行為も含むと考えます。また、ヒューマンエラーによる事故は一般的には「軽微な事故」が多いと考えられますが、何回も再発させると故意に準じる行為としての「重過失事故」になる可能性があります。それを別に表しています。

図表 2-1　不安全行動におけるヒューマンエラーの位置づけ

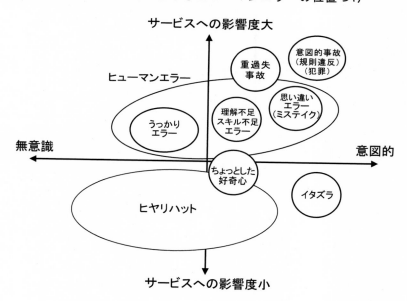

3) 不安全行動に着目したエラーの分類

　ヒューマンエラーの分類については、いろいろな視点での分類があります。個人の行為に着目した分類、個人の心理的状況に着目した分類、エラーが引き起こす結果に着目した分類、不安全行動に着目した分類などがあります。ここでは、ジェームズ・リーズン[15]が分類した不安全な行動に着目した4種類のエラーの分類を図表 2-2 のチャート図に示します。ヒューマンエラーが発生し

た要因を分析するうえで使いやすい分類内容です。一口に「ヒューマンエラー」といっても様々な原因の内容があることが分かります。

図表 2-2　不安全行動の分類とエラー

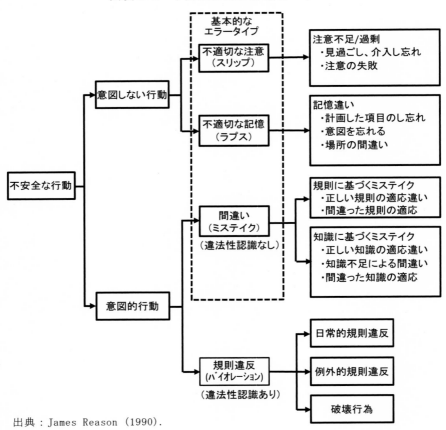

出典：James Reason（1990）.

　図表 2-2 の 4 種類のエラーについて説明しておきます。
①不適切な注意によるエラー（スリップ）
　意図と反する行為を、自動的、あるいは無意識に行ってしまい

意図しない結果に至っていること。注意不足/過剰、見過ごし、注意の失敗、順番違い、タイミング間違い、しくじり。

②不適切な記憶によるエラー（ラプス）

意図と反する行為を、行為の途中で行為に必要な情報を失念し意図しない結果に至ること。計画したことを忘れる、意図を忘れる、場所を間違える。手抜かり。ラプスはスリップよりも目に見えにくいものです。

③規則に基づく間違い（ミステイク）

意図的な行為において、規則を適応する際に、正しい規則を間違って適応してしまう、あるいは間違った規則を適応してしまう間違い。意図した行動が望んだ結果を達成できないこと。

④知識に基づく間違い（ミステイク）

意図的な行為において、知識を適応する際に、正しい知識を間違って適応してしまう、あるいは間違った知識を適応してしまう間違い。知識不足も含まれます。意図した行動が望んだ結果を達成できないこと。

4）組織に着目したエラーの分類

ヒューマンエラーの再発防止を図るためには、なるべく掘り下げて要因を探っていくことが必要です。このためには、事故に関与した当事者個人に関わる要因以外のことにも着目することが重要となってきます。そのひとつとして「組織」の働きがあります。そこで「組織」に着目した分類についても述べておきます。

①チームによるエラー

一人で従事する場合は、それなりに手順を考え、注意を払い、責任をもって判断し行動します。複数の保育等従事者によるチームで業務を実施する場合は、作業効率は上がりますが、従事者間の協働作業となる相互関係の中で、エラーが発生するリスクが生じます。

・チームのメンバー間同志のコミュニケーションに関わるエラー。

- メンバー間の人間関係による適切な情報を伝達できないことによるエラー。上司と部下、本部と現場保育所などの関係において権威勾配がある場合、部下が上司に対して、あるいは現場保育所から本部に対して「気になったこと」「反対の意見」などを言えないことで適切な情報が伝達できずにエラーが発生するケースです。事故が発生してから後になって、「あの時、おかしいと思った」「間違ったやり方でやろうとしていたのではと思ったが、指摘しなかった。」などのことが聞かれることがあります。
- 業務の役割分担指示が、保育等従事者個人の力量に適切に合ったものでなかったことによりエラーが発生します。
- 重要な作業であるにも関わらずに作業手順等のマニュアルが定めていないため、作業内容が従事者個人の裁量に任され、その部分で不具合を生じエラーが発生します。

②組織の経営方針・企業文化によるエラー
- トップの経営方針等が保育等従事者の意思決定、判断などに影響を与えることによるエラー。
- 組織内の保育等従事者に対する業績評価基準が安全について重要視せずに軽視し、おろそかになりエラーが発生するケース。
- 重要な内容がマニュアル等に定めていないことによるエラー。
- 法人など組織全体が外部の意見を尊重せずに、自分たちのやり方が最善と思いこむことによりエラーが発生するケース。
- 組織内もしくは同業他保育施設等のエラーや事故事例を学習せずに、同様なエラーや事故を再発させてしまうケース。
- 法人全体、あるいは保育施設等全体で醸成される安全文化・価値観が保育従事者個人の行動に影響を与えることによるエラー。

(2) 保育施設等におけるヒューマンエラーの範囲

　保育施設等における広義の具体的なヒューマンエラーの範囲についてチャート化したものを図表 2-3 に示します。

図表 2-3　保育施設等におけるヒューマンエラーの範囲

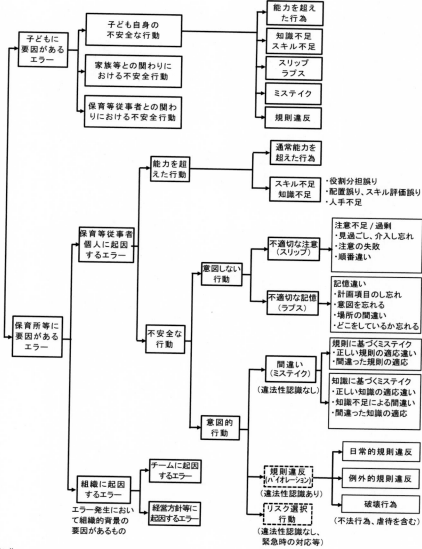

出典：James Reason(1990). から加筆作成

(3) ヒューマンエラーによる事故の発生原因と背景

　ヒューマンエラーによる事故の直接的原因を把握し、対処療法的に表面的に捉え、その原因を減らす取り組みを行うだけではヒューマンエラーによる事故を防止する活動にはなりません。ヒヤリハット事例まで幅広く検討の対象とし、かつ根本的原因まで深く掘り下げることが必要です。ここでは、ヒューマンエラーによる事故が発生する背景について体系的に理解します。ヒューマンエラーを防止する対策を検討する際に必要となってきます。個人の問題としてだけでなく、職場の保育現場の要因、および、保育施設等や法人など安全文化などの経営方針まで幅広いことまで着目し、組織のエラーとしてヒューマンエラーを減らして事故を防ぐ取り組みが重要となってきます。

1）ハインリッヒの法則

　米国のハインリッヒ（Herbert William Heinrich：1886～1962）が、膨大な事故事例を統計学的にまとめた結果得た、事故・災害の発生重要度別比率「1：29：300」という比率をハインリッヒの法則といいます。その内容とは、1件の重大な事故・災害（重傷者以上が出る程の事故）が発生した場合、29件の軽微な事故・災害（軽傷者が出る程の事故）が既に発生しており、さらに事故にはならないものの事故寸前のヒヤリとした体験やハッとした体験が300件あるとのことをいっています。

　それだけでなく，それらが発生する事象の下には、おそらく数千に達すると思われるだけの不安全行動と不安全状態が存在することが指摘されています。したがって、ハインリッヒの法則から解釈すると、ヒューマンエラー防止のためには、事故の発生の背景として存在する、日常行動における、いわゆる「ヒヤリハット事例」を認識し、当該事例が発生しないように取り組むことが大切であることを意味しています。ハインリッヒの法則の内容をイメージしたものを図表2-4に示します。

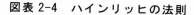

図表 2-4　ハインリッヒの法則

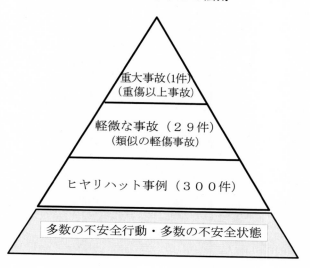

重大事故(1件)
(重傷以上事故)

軽微な事故 （２９件）
(類似の軽傷事故)

ヒヤリハット事例 （３００件）

多数の不安全行動・多数の不安全状態

2) 事故に至るプロセス（スイスチーズモデル）

　事故が発生するプロセスを理解すると共に、対処策を検討する
うえで役立つリーズン（Reason, 1990）が提唱したスイスチーズモ
デル[16]があります。図表 2-5 に示します。

　潜在的危険に対して、いくつかの層となる防護層で事故に至ら
ないようになっています。チーズのスライス層に見立てた防護層
には、潜在的状況要因（安全を軽視する雰囲気等が潜在的に存在
するものなど。状況要因とは、原因ではありませんが、原因がそ
の影響を発揮するうえで必要となるもの）により長い時間空いた
穴と、不安全行動などによる即発的エラーによる短時間に突発的
に出現する穴が生成します。そして常にその穴は、小さくなった
り大きくなったり、閉じたり開いたりし、かつ位置も絶えず揺れ
動いています。すべての防護層などの穴が一直線に並んで穴が貫
通した時、事故が発生するという考えです。

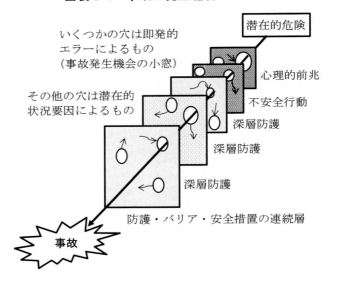

図表 2-5　事故の発生経緯

いくつかの穴は即発的
エラーによるもの
（事故発生機会の小窓）

潜在的危険

その他の穴は潜在的
状況要因によるもの

心理的前兆

不安全行動

深層防護

深層防護

深層防護

防護・バリア・安全措置の連続層

事故

　事故を防ぐためには、①潜在的に存在する穴を小さくすること
や穴をふさぐ取り組み、およびヒューマンエラー等事故につなが
る不安全行動をなくして突発的に出現する穴が出来ないような取
り組み、あるいは②効果的な防護層を新たに設けることが必要と
なってきます。穴の有無を常に監視していることも必要です。事
故が発生した場合には、事故発生の直近の防護層における当該穴
をふさぐ取り組みだけに注力するのだけでは、事故発生の再発防
止の取り組みにならないことを意味しています。また、スイスチ
ーズモデルは、事故やエラーなどの事象が起こるのは単一の機能
が損なわれてのためでなく、不幸にもいくつかの条件が重なるた
めであるということを表しています。

3）組織的な視点による事故の発生

　事故としてのヒューマンエラーを考えると、事故発生に関与し
た保育等従事者個人だけに着目してはいけません。下手をすると

ヒューマンエラーを起こした保育等従事者個人の責任追及で終わってしまいます。都合悪く発生してしまったヒューマンエラーによる事故を対処療法的に、表面的に分析し、再発を防止する取り組みだけで終わらせてはだめです。誰でもヒューマンエラーをしてしまうという前提で考えることが大切です。従事者の不安全行動は、当事者の属人的要因のみだけで発生するのでなく、日頃からの組織の影響を受けた要因とその時の局所的な作業現場要因が絡まった結果として起こるという考え方[15]です。ヒヤリハット事例についても同様にその事象が発生した要因を深く掘り下げ、かつ、個人の問題としてだけなく、職場の保育現場要因、および、保育所や法人など安全文化などの経営方針まで幅広い環境要因まで着目して、ヒューマンエラーを減らす取り組みをすることが重要と考えます。それぞれの保育等従事者は、悪意でなく善意で努力した結果として事故やヒューマンエラーを発生させます。いろいろな課題が多面的に潜在しているはずです。図表2-6に当事者要因と組織要因との関係をイメージしたものを示します。理解の参考としてください。

図表 2-6　当事者要因と組織要因の関係

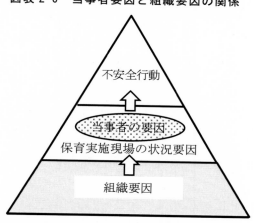

出典：J. Reason (1997)に加筆作成

２．ヒューマンエラーを防止する取組み

(1) ヒューマンエラーを防止するアプローチ

　ヒューマンエラーを防止するためには、ヒューマンエラーが発生する要因を分析しそのリスク事象を発生させないための防止策を検討し対策を行うことが役立ちます。万が一、事故が発生してしまったときの「再発防止策」もこれに当たります。

　また、前の第 1 章 3.(1)項「事故防止のためのリスクマネジメント」における STEP1 の「方針決定」を策定する上で、そのリスクをコントロールするアプローチ区分を知っておく必要があります。実際の防止策を検討するにあたっては、あらゆる防止策を考えるということでなく、法人や保育施設等の方針に沿った防止策を優先して考えることになります。そのアプローチの区分を図表 2-7 に示します。

図表 2-7　事故を防止するアプローチ区分

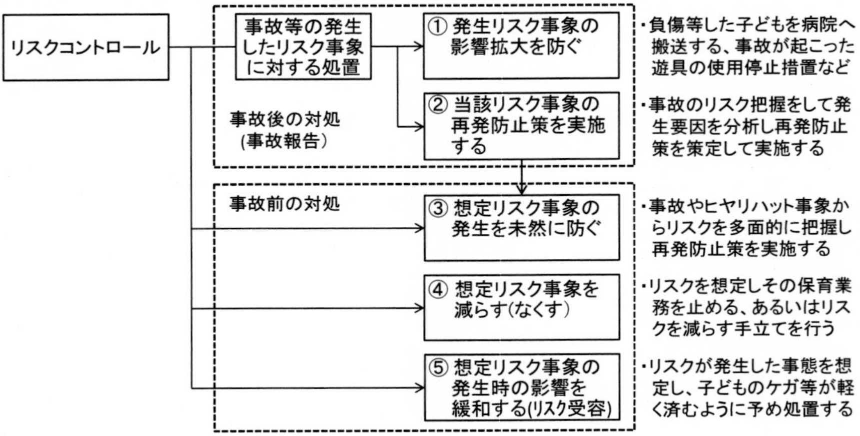

　防止策を具体的に検討するにあたっては、図表 2-7 での③に示すように、該当するリスク事象の発生を防ぐ（無くす）施策を考えること、④に示すようにそのリスクがある保育等業務を止めることや、そのリスクがある保育等業務の方法を見直すなどにより想定される

リスクを減らす対策を考えるアプローチもあります。この他に⑤に示すように、リスクを想定し子どもが万が一負傷などした場合に、その負傷が軽微で済むような対策を行っておくという考えも有効です。いわゆる「リスク受容」です。リスクを無くす発想だけでは、手間がかかったり経費が相当に必要になったりして現実的な解決策にならないことがあります。ともすると、子どもの行動に対して「○○をしてはだめです」と禁止事項を多くしてしまい、結果的に保育施設等側の責任を回避してしまう発想になることがあります。リスクを意識し理解したうえで、あり程度リスクを受容して、それなりの手立てと見守りをすることにより、子ども中心の考えで、子どもにのびのびと遊んで貰う発想が大切と考えます。

　また、この検討のとき重要なことは、想定するリスクをなるべく多面的かつ多く考えることです。自保育施設等で発生した事故のみにより把握したリスク事象情報は貴重なものですが多くありません。事故防止については、事故が発生した時にだけ一生懸命に検討し議論し対策を講じてだけでは一過性的な取り組みとなってしまいます。日常業務の中に取り入れ、組織的に継続的な活動として行うことが効果的かつ必要です。このための活動の一つとして、保育施設等内で「ヒヤリハット活動」を継続的に実施することがあります。保育等従事者が日々の保育において、ヒヤリとしたことやハットとして気付くリスク事象を収集し、そのリスクを無くしていく活動です。これについては第3章で詳しく述べます。

(2) リスクマネジメントのPDCAサイクルを回す

　第1章3.(1)項で事故防止のためのリスクマネジメントについて述べました。ここでそのリスクマネジメントを具体的にどのように行っていくかについて説明します。マネジメント業務を上手に進めるためには、Plan（計画）、Do（実行）、Check（評価）、Act（改善）の一連の活動について頭文字を取ってPDCAサイクルを回すといいます。事故防止の対策を策定し、それを放置せずにPDCAサイ

クルとして回すことが大切となります。このＰＤＣＡサイクルについては、保育施設等の長として施設長が主体的にリーダーシップを発揮し、出来るだけ早く回すことが組織の活性化になります。

　図表 2-8 にリスクマネジメントのＰＤＣＡサイクルを回す概念の図を示します。STEP 1 ～ 5 につては第 1 章の図表 1-11 に示すものと対応しています。

図表 2-8　リスクマネジメントのＰＤＣＡサイクルを回す

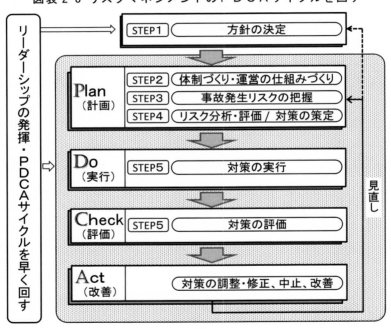

以下にＰＤＣＡサイクルについて具体的に説明します。

1）方針の決定

　STEP 1 の項目に該当する内容です。自園の経営方針や立地条件などを考慮し安全方針等を決めます。例えば、広い園庭に恵まれ

て多少子どもがケガをするリスクを受容しても子どもが自然と親しんでのびのびと遊んで貰う方針を採用することがあります。中心市街地等の立地で施設や園庭が多少狭い環境では、子どもに多少我慢して貰うことを考慮した安全方針等を策定することが考えられます。自保育施設等の保育等従事者の経験や安全に対するスキルレベルなどにも応じて、柔軟に方針を変更していく認識をしておくことが良いと考えます。

2) Plan（計画）

取り組みにあたっては、第1章の図表 1-11 で示した「事故防止のためのリスクマネジメント」の STEP 2 にあるように「体制づくり・運営の仕組みづくり」を行ってから活動をスタートさせることが大切となります。

①事故防止委員会等の設置

施設・事業所における組織的な検討を行う委員会を設置し、メンバーと事務局を予め決めておく必要があります。スタート時は、委員会等事務局を施設・事業所の長が自ら事務局を担うことが効果的です。ある程度活動が軌道に乗ってきたならば主任保育士等に任せていくのも良いと考えます。組織の習熟度に応じて体制を変化させていきます。

人事異動・退職で責任者やメンバーが変わることを前提に、運営方法のマニュアルなどを作成しておくことが必要です。開催は「必要の都度の開催」だけでなく定期的な開催を決めておくことが良いです。委員会で討議する対象範囲を何にするかも決めておくことも必要です。発生事故だけでなく後述の事故防止対策の実施状況や評価については定期開催の委員会で報告やディスカッションをすることを決めておくのも現実的です。

②様式類を整備しておく

事故防止等の対策についての質の維持、限られた時間等制約、未経験の職員等を考慮し、以下の各種様式類を予め作成しておくと役立ちます。

・事故防止委員会等の議事録ひな形
・事故報告様式
・事故の要因分析を行う様式（４Ｍ手法など自事業所で推奨する分析手法に合致した様式など）

③事故発生のリスク把握

　　STEP 3 の項目に該当する内容です。出来るだけ広範囲にリスク情報を収集することが望まれます。自事業所のリスクだけでなく、予め情報収集する先を決めておくことが良いでしょう。

④想定リスクの分析・評価

　　STEP 4 のリスク分析・評価の項目に該当する内容です。自園の想定するリスクについて分析し、リスクマネジメントの方針及び前(1)項のヒューマンエラーを防止するアプローチ(リスクコントロール)の区分に合っているか否か、優先順位などを考慮してその想定リスクを評価します。

⑤対策の策定

　　STEP 4 の対策の策定の項目に該当する内容です。前④の対策を必要とする優先順位が高い想定リスクに対する対策を検討します。ヒューマンエラーを防止するアプローチ(リスクコントロール)の区分に合っている対策を策定します。日常の保育等サービスを遂行する上で無理のない実現可能な対策を講じることが肝要です。面倒な手間がかかり現実的でない対策は実効性がありません。

3）Ｄｏ（実行）

　　STEP 5 の対策の実行の項目に該当する内容です。事故防止委員会等で決めた対策の実行です。実行すると決めた対策を中途半端でなく決めたとおりに徹底して実行することが大切です。対策の保育等従事者への周知と共に、必要に応じて手順書、マニュアルやチェックシートへ漏れなく反映させるなど対策の運用が適切に行われるようにすることが必要です。必要な場合は、保育等従事者に対して研修などの支援を実施します。

4) Ｃheck（評価）

　STEP 5 の対策の評価の項目に該当する内容です。一定期間、対策を実施した結果、意図した内容に対しての効果はどうだったかなど保育等従事者の評価や現場の目線で検証します。そして、肝心なのはその対策が子どもの立場で見た場合に、満足が得られたか否かということも大切です。

5) Ａct（改善）

　対策を継続し実施していく最中で、対策を修正・調整（Ａdjust）して改善していきます。場合によりその対策を中止します。そして、別の対策が考えられないかなど、更に良い対策になるようにＰlan（計画）に戻り、見直しを行います。このようにＰＤＣＡサイクルを回す活動を継続的に行っていきます。

図表 2-9　PDCA サイクルの継続的回転による改善

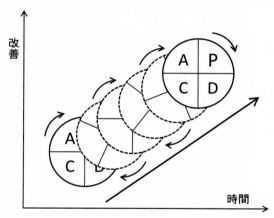

(3) 事故を起こしにくい人材育成

　良い仕組みを導入しても運営するのは「人」なので、安全に対する意識を醸成し必要なスキルを獲得し、ヒューマンエラーを起こさない保育等従事者を組織的に育成していくことが基本となります。

1) 必要な知識・スキル

育成についての具体的内容について、以下に必要な知識・スキルについて具体的に説明します。

①専門的な知識・スキル

一人ひとりの保育等従事者が保育等に必要な専門的な知識・スキルを中途半端でなくしっかりと習得することが必要です。自信がなく迷った場合に事故が発生します。他の従事者が間違った保育を行っている場合に、適切にその間違いを指摘できることが望まれます。専門的な知識・技術には、安全管理、衛生管理、救命救急、食育・食物アレルギー対応などが含まれます。子どもの身体的機能と運動機能の発達、認知・言語の発達についても、安全という切り口で理解することも望まれます。

②コミュニケーション力

組織内で上下間、同僚等横でのコミュニケーションを的確に実施できることが必要です。自分と価値観を異にする保育等従事者に対して、相手の立場に立って的確に実施することが必要です。指導や指示を行う上では、文書あるいは口頭で簡潔に正しく伝えることと、直接の会話により感情的なニュアンスを含めて理解し合えるコミュニケーション力も必要です。自分の意図することを間違いなく相手に伝えることと、思い込みをしないで相手の意図することを理解することが求められます。コミュニケーション力は、人を介して仕事をするうえで事故を防ぐための基本的なスキルとなります。共感力も必要となります。子どもとのコミュニケーション力ももちろん同様に必要です。

③注意する力

保育等従事者1人ひとりの個人としての注意力が、ヒューマンエラーによる事故を防ぐための最も基本的な力となります。常日頃、意識して保育をしないと注意力は身につきません。他人に依存して指示されたことを実行するのでなく、当事者意識を持って一人称で考えて行動すると、この注意する力を身に付け

ることができるでしょう。一つの見方にとらわれず経験知を活かしながら多面的に物事を見ることに慣れる必要があります。

④気付く力

子どもや他の保育等従事者がいつもと違う体調や心理状態など変化に気付くことは、安全に行動をする場合に必要です。遊具など設備などがいつもと調子が違うことに気付く、様子が変な不審者に気付くなどの力です。経験知を活用し高まります。

⑤行動力

事故が発生した時、後になって「実は、私はあの時、○○をすれば良かったと思っていました。」ということがあります。時間的な余裕がなく、必要な確認の手順を省いて時間に間に合わせようとし強行する場合もあります。その手順を省いたばかりに事故になる場合があります。注意力があり異変に気付いただけではだめで、それを是正する行動力が必要となります。自分が考えて正しいと思うことを行動にする力が必要となります。

⑥状況判断力

必要な情報を収集し把握し、その場の状況を認識し判断する力です。自分が持つ個々の知識・スキルを総合的に活用し意思決定する力です。より短時間で判断することが求められます。

⑦リーダーシップ

主任保育士やリーダー等の保育士等に期待されるスキルです。他の保育等従事者に対して的確に指導・指示をして影響力を発揮し必要な結果を引き出していく力です。日々の日常業務はもちろんですが、事故時や災害時などの非日常業務において特に必要とされるスキルです。

2）研修・訓練

前述の知識・スキルを必要な時に実践し活用できるように訓練や研修することです。実施する時期としては、採用時・異動時の研修、年間スケジュールに組み入れた定期的な研修・訓練が必要です。安全に関わる知識、スキルについては、経験知を事例集な

どで学ぶことは効果があります。また、該当の研修においては、休暇取得者などが履修漏れとならないように当該研修資料を利用し、レポート提出やパソコン・タブレット端末による e - ラーニングを出来るようにするなど研修方法を工夫することが必要です。

(4) 事故を起こしにくい組織づくり

保育等従事者一人ひとりへの育成に加えて、事故を起こしにくい組織づくりが必要となります。職場単位、保育施設等事業所単位での安全な保育サービスを提供できるように、安全への意識醸成や職場風土づくりを組織として推進していくことが必要となります。以下に、必要な内容について具体的に説明します。

1) 経営者・施設長等の責任者の安全コミットメント

法人や保育施設等の責任者である経営者あるいは施設長が、安全を大切に考える旨を経営理念等で明文化し明確に保育等従事者に対して表明していることです。

また、組織として安全を重視する証として「リスクマネジャー」等の職名を設けて、副園長あるいは主任保育士を任命し、園長への登用キャリアパスとして位置付けることも良いでしょう。

2) コンプライアンス（Compliance）があること

事業活動において社会規範に反することなく，法律や法人倫理を遵守しつつ、不正を排除し業務を公正・公平に遂行していることです。組織にとって悪い情報・都合が悪い情報を報告することを組織内で抑制せずに、組織の下から上まで報告されることです。

3) 問題に対する柔軟性

環境の変化に対応して組織全体の機能を最適になるように適応する能力があることです。子どもという「人」を対象とする保育では、その時、その場で変化があることは当たり前なので、その時の状況変化に対して臨機応変に対応することが必要とされます。

このためには、日頃から現場の保育等従事者が、必要がある場合は上司の保育等従事者の指示を待たずに、意思決定できる状況にあることです。日頃から自己研鑽を行って自分の力量に自信を持っていないと対応できません。

4) 学習する組織

　前述の事故を起こしにくい人材育成で述べたように「経験知」を大切にして活用することが役立ちます。従事者間で職場の課題や問題点について経験知を出し合い意見交換やディスカッションという「チーム学習」が行われることです。それを法人や施設長、リーダーが、サポートや推奨している状況ができていることです。園内で自分自身が学習し成長していくことを感じられることです。

5) ものが言える・聞くことができる

　業務上で安全などに関して懸念がある場合や疑問がある場合、それを職場や法人の中で発言し問いを発せることが出来る状況にあることです。事故が発生した後で、当事者本人は、「ちょっと確認したく聞きたかったが、聞きにくい雰囲気だったので、そのまま行ってしまった。」ということがあります。また、周りに居た人からは、「やり方がおかしいと思ったが、指摘することに気が引けたので黙っていた。」などと事故を防げなかったケースがあります。職位の上位の者やベテラン従事者が自分は正しく、他人からものを言わせない雰囲気の職場は好ましくありません。

6) 情報の共有化

　保育所内の運営状況が「見える化」されて、不適切なサービスを隠ぺいし難い環境であることが大切です。業務を遂行する上で必要な情報が、タイムリーに法人内部・職場内部で保育等従事者全員に周知されること、あるいは必要な時に利用できるようになっていることが必要です。休暇、出張などで不在の従事者に対し

ても、情報周知の漏れがないように工夫をすることも必要です。

7) 記録・報告する組織

会議議事録、研修報告書など５Ｗ１Ｈを押さえて簡潔にポイントが分かるように事務的な書類を作成することが常態化していることが必要です。忙しい中で、子どもの様子の引き継ぎ内容などをノートへ記入することや、メモを作成する際、簡潔に必要なポイントを記述することが必要です。書くことを職場で慣れることは、ヒヤリハット活動などで必要事項を記録し組織内へ伝えていくことを常態化する文化づくりは大切なことです。いわゆる、業務を適切に運営するための、報告する・連絡する・相談するの「報連相」の職場風土づくりとも関係してきます。

記録した報告書がないと、組織内における前項の情報共有化も実現できません。また、その報告書を、利用したい時に誰でも利用できる工夫をしておく必要もあります。使われない報告書作成は、無駄な仕事となり誰も報告をしなくなってしまいます。

8) 自由闊達で風通しが良い職場

規範偏重で堅苦しいというところがなく、自由で物事にうるさくこだわらずに仕事ができる職場は働く者にとって働きやすいと感じる大きな要素となります。仕事に必要な情報が差別なく得ることができ、お互いのコミュニケーションが取り易い、いわゆる「風通しの良い職場」はメンタルヘルスの上でも好ましい職場となります。不必要なストレスに対してエネルギーを使わなくて済むことは健康に良いことです。

３．ヒューマンエラー事故の分析と防止策

(1) ４Ｍ手法による要因分析

ヒューマンエラーによる事故について適切かつ有効な再発防止策

を実施するためには、事故の発生要因を、事故の発生に関係する当事者のみの個人的な要因だけにしてしまわないで、背景まで掘り下げて発生要因を把握して分析することが大切となります。ここでは第1章3.(2)項で述べた「4M手法による要因分析」による要因分析を行います。図表1-13「4M手法の各要素例示内容」をもう一度見てください。4M手法のそれぞれの各要素について具体的な内容を以下に説明します。

1) 人（Man）に関係する要因

　　ヒューマンエラーによる事故発生に直接関与した当事者本人、および本人以外の同僚・上司、子どもなど関係する「人」に関する事項において、事故の発生要因に関わるもが該当します。

①身体的要因：

　　体調が不良だったか、疾病等で通常と違っていたか、疾病等で服薬していて集中力が低くなっていた、腰等を痛めていたので通常の動きが出来なかった、睡眠不足で疲れていた、体が固くてとっさの動きが出来なかったなど。

②心理的、精神的要因：

　　急いでいて気持ちに余裕がなかった、ある理由でストレスを抱えていたか否か、意識レベルの状況でパニックに陥っていたようなフェーズだったか否かなど。場面行動（その場の思い付きによる行動）、忘却（度忘れ）、考え事（家族問題など個人的な事由による）、無意識行動、危機感覚のズレ、省略行動、憶測判断など。

③立ち位置、配置による要因：

　　事故が発生した時の立ち位置が利用者（子ども）との関係でどの位置だったか、保育していた保育等従事者間等の配置が適切であったか否かなど。

④技量、知識による要因：

　　当事者本人の技術や知識が十分でなかった、経験不足であった、行っていた保育の内容を良く理解していなかったなど。

⑤コミュニケーションに関わる要因：
　本人と利用者(子ども)との意思疎通、作業を行う上での同僚、上司等との意思疎通・確認方法など。作業に必要な情報共有の方法に問題があったなど。
⑥不適切な注意・記憶、間違いによる要因：
　保育に必要な情報を確認しなかった、実施タイミングが早かったなど。作業の対象を取り違えた、順序を間違えたなど。間違った方法を適応した、正しい方法を間違って適応したなど。
⑦職場の要因：
　人間関係が良くなかった、リーダーシップ不足、チームワークが良くなかったなど。
⑧不適切な動機による要因：
　保育や作業を行っていた保育士等当事者本人が手順は決まっているのに、面倒と思い、あるいは必要ないと判断して故意にその手順どおりに行わなかったなど。同僚が行っていた保育の内容が間違っているなど不適切な内容と知っていたが黙認していたなど。

2) 物・機械（Machine）に関係する要因

①機器固有(機器の品質、機器の機能)の要因：
　機器・遊具そのものに故障や不具合があったことや、玩具等の機器の安全な設計が出来ていなかったなど。玩具の操作方法を間違ったなど。機器の強度・機能・品質などにおいて不具合があったなど。操作が間違い易く出来ていた等具体的な内容などについても記述します。消費者庁ウェブサイトのリコール情報サイトに、安全に使用するための注意が呼びかけられている事故報告等があった製品として、公園設置の遊具について掲載されています。最新情報について確認しておくと良いです。
②使用方法による要因：
　機械に不良な箇所があった（点検整備不良）、使用していた機器

が実施していた保育サービス等に適切でなかった、使用目的に
対してその機器を使用したことに無理があったなど。
③使用配置による要因：
　使用していた遊具等と子ども、あるいは保育等従事者との位置
関係が不適切だったなど。遊具を設置していた場所が適切な場
所でなかったなど。

3) 環境・情報（Media）に関係する要因
　保育等従事者が行っていた保育の環境、および保育等環境の情
報に係る要因で、かなり幅広い内容を含んでいる項目です。
①保育等を行っていた自然環境（気象、地形等）による要因：
　事故発生時の天候、道路地面状況・見通し状況などの地形など。
②保育等を行っていた人工環境（施設、設備）による要因：
　施設の形状、設備の状況が不適切だった、照明不足で暗かった、
保育等の空間が不良であった、作業環境が不良であったなど。
③保育手順書・マニュアル・チェックリストによる要因：
　作業のマニュアル記載方法が分かりにくく意図が伝わりにくく
なっていた、マニュアルの記載内容に誤りがあった、必要な保
育マニュアルなのに作成していなかったなど。保育や作業に必
要な情報媒体（メモ帳、スマホ、ＰＣなど）のあり方に問題が
あった、手順書が間違っていたなど。
④コミュニケーション（情報）による要因：
　子どもについての情報が伝わっていなかった、保育に必要な情
報が伝わっていなかったなど。保育等従事者間で、保育の内容
についての理解が異なっていたなど。
⑤連携による要因：
　保育等従事者間の必要な情報の指示の出し方、引き継ぎ方法な
どで問題があり連携が適切に出来なかったなど。情報を共有し
ていた情報媒体が適切でなかったなど。

⑥職場の要因：

本人の勤務割や勤務時間などで十分な休息が取れるような状況になかったなど。職場において上司や同僚との人間関係が良くなかったなど。新人が、「出来ない」「不安なので教えてください」ということを職場で発言しにくい雰囲気であったなど。

4) 管理（Management）に関係する要因

経営等事業責任を担う経営者や保育全体に関与する施設長などの役割は、事故の発生において重要な要因となってきます。事故の背後要因として何らかの要因が存在すると考えて良いでしょう。

①組織・体制による要因：

保育等のチーム編成などにおいて未経験者だけで体制づくりをするなどチーム編成が適切でなかったなど。保育等を実施していた時の役割分担を明確に決めていなかっなど。役割分担が適切でなかったなど。複数の保育等従事者の役割分担において、役割分担は適当であったが、スキルレベルから力不足があり適切でなかったなど。作業量の多寡においてバランスが適切でなかったなど。

②人員配置による要因：

保育等従事者が当日に急病や急用により休暇を取得した後補充の従事者を配置できていなかったなど。当日の保育等に必要な人数を配置していなかったなど。保育等従事者の力量を考慮した適材適所の配置となっていなかったなど。

③指示・指導による要因：

保育等を行う前の指示が不十分であった、新人等で経験が浅い保育等従事者に対して主任保育士等の指導が不十分であったなど。当日従事する保育士等の健康についての管理が不十分であったため、体調不良のまま保育等に従事してしまったなど。

④作業計画（指導計画等）による要因：

保育課程の編成や指導計画の作成において、在園する子どもの

実態に合った保育を行い易い計画になっていなかったなどの計画の内容が適切でなかったなど。指導計画が必要な保育であったが作成されていなかったなど。保育の計画において内容に無理があったなど。期限の設定において短すぎて保育の準備が不十分となり、余裕がなくなり焦りを生じさせてしまったなど。

⑤管理規定・変更管理による要因：

組織内の関係する規定類が分かりにくかった、必要な記載内容が不足していたなど。関係する管理規定を定めていなかったなど。設備や遊具等の使用に当たっての利用マニュアルや安全チェックリストなどを作成していなかったなど。規定やマニュアルなどの変更を行ったにもかかわらずその書類ファイル差し替え変更が行われていなかったなど。変更したことが保育等従事者の全員へ周知されていなかったなど。

⑥教育・訓練方法による要因：

研修等の内容が実用的でないものであり保育等現場で役立つような内容の訓練でなかったなど。スキルの実践訓練が必要であったが座学のみの訓練であり、実地の訓練を実施していなかったなど。訓練を実施していたが保育等従事者の力量を把握評価し管理していなかったなど。

⑦不正による要因：

子どもへの暴力や虐待などを抑制する、あるいは発見する仕組みが出来ていなかったなど。

⑧組織要因・法人風土による要因：

経費節減が重視され安全が軽視される傾向があったなど。過去の事故事例やヒヤリハット経験から事故防止策を講じることに取り組んでいないなど。自園で仕事をしていると当たり前のこととして行っているので自分たちでは気が付かないこともあります。

　以上を一覧表にしたものを図表2-10(1/2)と図表2-10(2/2)に示しましたので要因分析を行う際の参考にして下さい。

図表 2-10(1/2)　４Ｍ手法による各区分による要因例

人（Man） 保育等従事者本人及び本人以外の人に係る要因	物・機械（Machine） 設備・機器（遊具）・器具（玩具）固有の要因
1. 身体的要因 ・疲れで体調が良くなかった ・睡眠不足で注意力が不足していた ・疲れで注意力が不足していた ・腰痛で踏ん張れなかった ・体が固くとっさの動きが出来なかった ・疾病で体調が良くなかった	**1. 機器の品質・機能による要因** ・遊具・玩具が故障していた ・修理中であった ・玩具等の動作に不具合があった ・遊具等設備が老朽化していた ・玩具等機器の安全設計が不十分であった ・標識・表示が見えにくかった ・アラームが聞こえにくかった ・遊具・玩具の保護機能が不十分であった
2. 心理的・精神的要因 ・急いでいて気持ちに余裕がなかった ・〇〇のため焦ってしまった ・〇〇の考え事をしていたため注意力が不足した ・無意識にしてしまった ・大丈夫と思って行った ・度忘れで失念した ・他の作業に気をとられてしまった ・先入観（思い込み）に囚われて行ってしまった ・〇〇のストレスがあり普通にできなかった	**2. 使用方法による要因** ・遊具・玩具等の調整がされていなかった ・遊具・玩具等の点検整備不良であった ・必要とする保育サービスに適応していなかった ・使用していた玩具等が子どもに会っていなかった
3. 立ち位置、配置による要因 ・利用者（子ども）との位置が遠すぎた ・同僚との連携する立ち位置が〇〇だった	**3. 使用配置による要因** ・使用する子どもとの位置関係が適切でなかった ・遊具や設備機器を設置する場所が適当でなかった
4. 技量、知識による要因 ・従事していた保育等に対する知識が不足していた ・従事していた保育等内容をよく理解していなかった ・従事していた保育等に不慣れであった（経験不足） ・従事していた保育等に必要な十分な技能がなかった	
5. コミュニケーションに関わる要因 ・従業者と利用者（子ども）との意思疎通が悪かった ・保育を行う本人と同僚との意思疎通が悪かった ・同僚と〇〇の確認方法を決めていなかった	
6. 不適切な注意・記憶、間違いによる要因 ・作業（保育）に必要な情報確認をしなかった ・実施タイミングが早い（遅かった） ・作業対象を取り違えた、作業順序を間違えた ・間違った方法を適応してしまった ・方法は正しかったが適応を違えてしまった	
7. 職場の要因 ・リーダーの意思決定が遅かった ・同僚とのチームワークが良くなっかた ・作業の内容を確認できなかった（人間関係の不良）	
8.不適切な動機（不正を含む）による要因 ・故意に手順どおりに作業をしなかった ・同僚の間違った対応方法を黙認した	

出典：中目（2018）に加筆作成

図表 2-10(2/2) ４Ｍ手法による各区分による要因例

環境・情報（Media） 従事者の保育・保育等環境の情報に係る要因	管理（Management） 組織のおける管理状態に起因する要因
1. 保育等環境（自然環境・人工環境による要因） ・暑い中、寒い中での作業であった（天候） ・不快な温度、湿度であった ・坂道の途中での作業であった（地形） ・雨で路面の状況が滑り易かった ・照明が不適切であった ・騒音が大きく声が聞こえにくかった ・体が硬くてとっさの動きが出来なかった ・睡眠不足で体調が良くなかった ・保育を行う空間が十分確保できなかった	1. 組織・体制による要因 ・保育の体制を設けていなかった（個人任せ） ・保育のチーム編成が適切でなかった ・保育従事者の役割分担が適切でなかった
2. 保育手順書・マニュアルによる要因 ・必要とされる手順書がなかった ・手順書の記載表現方法があいまいであった ・手順書に必要な内容が記載漏れであった ・マニュアルの内容が十分理解されていなかった ・マニュアルはあったが現場ですぐ閲覧できなかった	2. 人員配置による要因 ・急な休暇取得者を補う人員を配置しなかった ・必要な人員数を当初から配置していなかった ・保育等従事者の力量に合った配置となっていなかった
	3. 指示・指導による要因 ・必要な指示を保育前にしていなかった ・作業変更に伴う変更指示をしていなかった ・保育等従事者への監督が不十分であった ・保育等従事者の健康管理が不十分であった
3. コミュニケーション（情報）による要因 ・保育に必要な最新情報が伝わっていなかった ・従事者交代に際して、情報が引き継がれなかった ・休暇取得者から交替勤務者へ引き継ぎがなかった ・保育従事者間で、保育内容の理解に違いがあった ・作業終了の確認方法を決めていなかった ・保育現場における指示の出し方を決めていなかった ・保育現場における確認方法を決めていなかった	4. 作業計画（指導計画等）による要因 ・必要な作業計画を作成していなかった ・作業計画内容が適切でなかった ・作業期限に余裕がなかった ・作業目標が適切でなかった
	5. 管理規定・変更管理による要因 ・必要な管理規定を定めていなかった ・規定・マニュアルの記載内容が分かりにくかった ・規定・マニュアルの記載内容が不十分であった ・規定・マニュアルの変更が実施されていなかった ・規定類の変更が従事者へ周知されていなかった
4. 連携による要因 ・従事者間連携の具体的役割分担を決めていなかった ・情報共有する情報媒体（ノート、メモ帳、PCなど）が適切でなかった ・連携して保育を実施することに慣れていなかった	6. 教育・訓練方法による要因 ・必要な訓練、研修を実施していなかった ・研修等の内容が実践的な内容でなかった ・訓練を実施していたが従業者力量を把握評価し管理していなかった
5. 職場の要因 ・勤務割から十分な休息を取れる環境になかった ・上司、同僚との人間関係が良くなかった ・上司、同僚に質問しにくい雰囲気があった ・上司、同僚に意見を言いにくい雰囲気があった ・異なる職場間での連携が不十分であった	7. 不正による要因 ・子どもへの暴力、虐待を抑制する仕組みがなかった ・子どもへの人権侵害を抑制する仕組みがなかった ・子どもの財産滅失を抑制する仕組みがなかった
	8. 組織要因・企業風土による要因 ・ルール違反が黙認されていた ・不都合な情報が報告されないことが常態化していた ・過去の事故・ヒヤリハット等の経験が反映されない ・経費節減等が優先され評価される ・不適切な行為を見て見ぬ振りをしていた ・他職場のことには口を出さない風土

出典：中目（2018）に加筆作成

(2) ４Ｍ－５Ｅ分析マトリックス表による事故防止策

　ここでは第１章３（２）項の図表 1-14 に示した「４Ｍ－５Ｅ分析マトリックス表」を使用して事故防止策を考えます。

　すなわち４Ｍの区分での、Man（人）、Machine（機械・設備）、Media（環境）、Management（管理）に対応した具体的な要因について、前に示しましたが以下の５つのＥを視点とする再発防止策などの対応策を考えます。

◆Education：教育・訓練：
　　保育等業務を遂行するために必要な能力、意識を向上させるための方策。

◆Engineering：技術・工学：
　　安全性を向上させるための設備、方法の技術的な方策。遊具・玩具・ＩＴ等機器の改善、表示・警報、多重化、使用する機器・遊具・玩具や材料の変更等。

◆Enforcement：強化・徹底：
　　保育等業務を確実に実施するための強化・徹底に関する方策。規定化、手順設定、注意喚起、キャンペーン等。

◆Example：模範・事例：
　　具体的な事例を示す方策。改訂したマニュアルを配布して行動変容を促す等。

◆Environment：環境：
　　事故が発生している環境要因に着目し保育等環境などの改善に関する方策。職場環境の改善も含まれます。

　次に、上記の５つのＥの区分毎にそれぞれの具体的な対応策のポイントと例について説明します。

1) 教育・訓練(Education)による対応策

　子どもたちに対して安全で適切な保育等を行える人材を育成することが最も基本的に大切なこととなります。事故を起こさない、ヒューマンエラーによる事故を起こさない、万が一事故を発生し

た場合でも事態を悪化させない保育等従事者を育成することが目的となります。全従事者一人ひとりを対象とした教育・訓練と、園の責任者として施設長や、主任保育士等の職場リーダーに対する教育・訓練があります。そして、全従事者一人ひとりの知識レベル、力量のレベルを把握し管理し、その維持・向上を図り活用する必要があります。また、保育等に直接関わる保育士等だけでなく、栄養士・調理師などチームとして連携し業務を行う教育・訓練も必要となります。

①知識教育

・最も一般的なことは、説明会・講習会・研修会等を行うことです。保育等を行っている現場の視点で使えるもので実践的な内容が求められます。時間的な余裕があれば、園内で行う研修会などで使用する資料や教材を保育士等自身で作成することがその知識を習得するのに効果があります。

・正規職員、契約職員など雇用形態に関わらず従事者全員に対して徹底して行いその履行状況とレベルを管理する必要があります。予め休暇取得者や出張者などがいる前提で、説明会・講習会等を行う工夫をすることが必要です。事故などが発生した場合、該当の説明会に出席していなくて知らなかったということがあります。

②意識教育

・必要な意識を身に着けて仕事の実践での具体的な行動に繋がる必要があります。該当の研修などの頻度が影響しますので重要なものは頻度を多くすると共に、一時的でなく定期的に実施することが効果的です。また、マンネリにならに工夫も必要です。

・他人事でなく当事者意識を高める工夫が必要です。日常業務のミーティングで話題にして、質問を行うなどして一人ひとりに考えてもらうことも良いです。園内で行う研修会などで使用する資料や教材を保育士等自身で作成することは、意識が身に付き効果があります。

③技能訓練

・知識や意識があっても実際の保育において必要なスキルを使えることが必要です。かつ、緊急時や事故時のような平常時と違った状況で、そのスキルを発揮することが求められます。

・通常の講習会・研修会などに加えて、業務の実践を通じて研修を行うOJT（On The Job Training）により必要な技術を身に着けることが一般的です。しかし、安全に関わる事象はあまり発生する機会がないので、ある状況の場面を設定し実際に役割を演じてもらうロールプレイング(Role-Playing：役割演技法）による研修が効果的です。

④対人スキル訓練

・人間を良く理解し行動できることが大切となります。コミュニケーション能力に関する対人対応スキルを高める訓練は特に大切となります。

・子どもとのコミュニケーションはもとより、一緒に働く保育士等や保護者とのコミュニケーションは保育等業務において大切なことです。緊急時や事故時におけるコミュニケーションはどうすれば良いかを学び、必要な時にそのスキルを使えることが必要となります。コミュニケーションが悪いとヒューマンエラーが発生しやすくなります。

・傾聴、表現力、感情をコントロールするアンガーマネジメント、コミュニケーションスキルなどがあります。勧めたいものとしてNLP(Neuro Linguistic Programming：神経言語プログラミング)があります。NLPは、欧米を中心にカウンセリング分野などの現場から生まれ、人間心理とコミュニケーションに関する学問です。人間の心の仕組みを理解すること、他人との信頼関係づくり、感情・思考をコントロールすることに活用できる、コミュニケーション能力の向上に役立つスキルです。医療の現場や教育、ビジネスの場、育児など様々な分野で活用されています。

・通常の講習会・研修会などと共に、ある状況の場面を設定して、実際に役割を演じてもらうロールプレイイン（Role-Playing：役割演技法）による研修が効果的です。

⑤事業所全体でのディスカッション

・園内や園外での実際の緊急時や事故の際には、その場に居て欲しい職員や施設長などの責任者が居ない場合もあります。また、その場に居合わせる限られた人数だけで対処する必要に迫られることがあり、チームワーク良く対応できるか否かが重要となります。お互いの気心を知っていることがお互いの信頼になり、組織として力を発揮できる拠りどころとなります。

・安全や事故などのテーマに関して時々で良いので、全体会議や事故防止委員会などにおいて保育等従事者全員で話し合う機会を設けることは、お互いの考え方や気心を知ると共に、意識を合わせることに大変役立ちます。

・園の「運営理念(事業所理念)」や「行動指針」などを保育等従事者自らが参加し作成するプロセスを経験することも役立ちます。

2) 技術・工学 (Engineering)による対応策

①設備機器（遊具、玩具を含む）の改善

・事業所で使用する遊具や設備機器は経年劣化に加えて、使用することで傷んだりネジが弛んだりしてきます。定期的な点検を実施することが事故を未然に防ぎ正常に設備機器を使用するうえで大切となります。忙しく点検を先送りして設備の不具合を発見できずに、ヒューマンエラーによる事故となるケースがあります。

・点検記録の取り方などを工夫し設備機器の劣化等の傾向を読み取り、劣化を事前に把握できます。点検簿作成のみを目的にせずに形骸的な点検にならないような工夫をすることが必要です。

・点検担当者だけに任せきりにならないように、事故防止委員会、安全衛生委員会などの場に点検実施状況を定期的に報告するよ

うにして、組織としてチェックする仕組みづくりが必要です。

②設備機器（遊具、玩具を含む）の適切な使用訓練

・設備機器の使用についての講習会行うと共に、使用の実践訓練を行い、保育等従事者が全員使用できるように把握管理しておくことが必要です。事故が発生した後に適切な使用方法を知らなかったというようなことがないようにしておくことが必要です。

・使用頻度が少ない設備機器などにといては、利用マニュアル、点検チェックリストを作成しておくことが有効です。中途採用の職員が入園した場合、園内の定期講習会等の時期に間があり、該当の設備機器の使用方法を知らないでいるケースに対して、マニュアル等が配備されていることは、最低限の対処策となります。

・火災発生時に必要となる消防設備について、実際に稼働させて定期的に点検すると共に、操作訓練を行うことが必要です。通常の法定の消防訓練の機会に点検と操作訓練を実施することが良いです。万が一の火災事故において、消防設備の誤操作や設備不良で的確に動作しないことの無いようにしておく必要があります。

・防災設備についても、忘れずに定期点検時に操作法の訓練を実施し、正常に設備を動作させることを確認してください。

③設備機器を保育・安全の向上に資する研修（ＰＣソフトを含む）

・事務作業が煩雑な処理、面倒な処理などの業務においては、処理をせずに先送りしておくことや、処理を間違うことなどによりヒューマンエラーが発生するリスクがあります。機器を簡便に扱うことや簡潔に処理する方法などについて工夫や勉強会を行うことが役立ちます。

・直接の人身事故につながりませんが、パソコン（ＰＣ）などＩＴ機器についてもソフトの最新バージョン管理などの点検を実施することが必要です。ウイルス感染、個人情報漏洩の事故の未然防止に関係してきます。データバックアップや停電時へ

備えた予備電源などの点検も必要です。

3）強化・徹底(Enforcement)による対応策
①規定化(業務の明確化と「見える化」、簡潔な指導計画の作成)
・曖昧な業務内容については、間違って理解しないように分かり易く記述した規定・マニュアルを作成することが基本です。
・規定・マニュアルを変更した場合は、すみやかに従事者全員に周知するとともに、保育施設等内に配備してあるファイルを漏れがないように差し替え更新することが必要です。更新が徹底されず古いマニュアルを使用し事故を起こしてしまうケースもあります。ＰＣ内に規定類を入れておき事業所内で利用する場合はこの心配はありませんが、一方で災害時等の停電時でＰＣが使用できない場合への対処法を講じておく必要があります。
・業務を従事者個人の属人性に依存しすぎないように配慮しておくことも大切です。業務フローの明示化や規程・マニュアルの作成を行うことにより、業務の内容を「見える化」しておくことがヒューマンエラーを減らすうえで役立ちます。
・保育の指導計画については、担当保育等従事者でない従事者でも分かり易いように簡潔に作成することや、安全に関わる注意ポイントを記載するようにすることが役立ちます。
②評価・指導
・保育や業務において、安全やヒューマンエラー防止に資するところを把握して、そこが適切に実施されるようにします。注意喚起の掲示やマニュアルへ反映します。
・推奨する事象が実行されやすいような動機付けとなるインセンティブ制度を設けることが有効です。人事評価の対象にすることも良いでしょう。
③危険予知活動（ＫＹＴ）等の実施
・日常業務の中において危険予知活動（ＫＹＴ）を取り入れていることが有効となります。事故を発生させる可能性のあるリス

ク事象の気付きと危機感の醸成を育成します。安全が気になる
ような保育活動を行う当日、関係する保育等従事者間で、保育
を始める前に危険など気になる点を指摘し合うこともＫＹＴに
なります。

・園内における保育において保育等従事者が、事故には至らなか
　ったがヒヤリとしたことやハットした事象を出し合って、その
　ような事象を防止する工夫や改善策を出し合うことが役立ちま
　す。いわゆるヒヤリハット活動を園内で推進することです。
・職場のリーダーが中心となり、その日の保育の内容や方法・段
　取り・問題点について５分〜10分間の短時間で話し合い、指示
　伝達を行うものです。保育開始前だけでなく、保育業務の進行
　に応じて作業中にも行われます。これはツール・ボックス・ミ
　ーティング（ＴＢＭ）と言われているものです。

4) 模範・事例(Example)による対応策
①模範事例・危険事例の周知
・自園や他園の事故事例、自園のヒヤリハット事例について、保
　育等従事者１人ひとりが当事者として学ぶとともに、互いに学
　び合う職場づくりをすることが役立ちます。
・施策として推進していくためには、何らかのインセンティブが
　働く仕掛けづくりを工夫することが役立ちます。
②模範事例・危険事例の水平展開
・園内の保育等従事者一人ひとりが学んだ安全についての知識や
　経験知を他従事者と共有する仕組みを作っておくことが大切で
　す。パンフレット、ノートなどアナログ的な情報媒体を活用し
　「見える化」を工夫することも役立ちます。
・事故事例やヒヤリハット事象例の事例集やデータベースを作成
　して、それをいつでも手軽に閲覧し活用できる仕組みづくりが
　必要です。スマホやタブレット端末等 IT の活用が役立つでしょ
　う。

5) 環境(Environment)による対応策

①保育環境・作業環境の改善

・ヒューマンエラーの発生要因として保育環境が影響している場合がありますが、当たり前として毎日を過ごしているので一般的に気付きにくいケースが多いです。何か問題点があるのではと意識して職場の環境を点検することが必要となります。

・平常時の保育環境だけでなく、災害時等の停電時・地震時を想定した保育環境を想定し、点検方法などを工夫し安全対策を講じることが必要です。

以上を一覧表にしたものを図表2-11(1/2)と図表2-11(2/2)に示したので事故防止の対応策を検討する際に参考にして下さい。

図表 2-11(1/2)　４Ｍ－５Ｅによる対策例

５Ｅの区分	４Ｍ(Man・Machine・Media・Management)の区分を考慮した対策例
Education （教育・訓練） 業務遂行のために必要な能力、意識を向上させるための方策	**１．知識教育** 業務遂行のために必要となる知識の取得と向上を図るための方策。 （安全管理、衛生管理、救命救急、食育・食物アレルギー対応を含む） ・講習会を開催する。 ・説明会を開催する。 ・保育・作業マニュアル、チェックリストを作成する。 ・講習会・説明会等の教材を作成する。 **２．意識教育** 法令、マニュアルを遵守し、安全を重視し業務を適正に遂行するモラル向上を図るための方策。 ・定期的な講習会を開催する。 ・定期的な説明会を開催する。 ・ミーティングを行う。 ・講習会・説明会等の教材を作成する。 **３．技能訓練** 業務を遂行するのに必要な技能の向上を図るための方策。 ・説明会、講習会、勉強会を開催する。 ・ＯＪＴを行う。 ・ロールプレイイング研修を行う。 ・関係する資格取得を推奨する。 **４．対人対応スキル訓練** 心理学、コミュニケーションに関わる人間について理解すると共に、共感力、受容力、表現力などを実践発揮できるための方策。 ・講習会を開催する。 ・ロールプレイイング研修を行う。 **５．事業所全体（園等の施設全体）でのディスカッション** 園等での管理者を含めた保育等従事者間の話し合いによりお互いを知り、互いにものを言うことができる職場づくりをするための方策。 ・従事者による「事業所運営の理念」「行動指針」づくりを行う。 ・定期的なサービス向上会議・事故防止委員会等を開催する。 ・職場の課題解決の会議を開催する。
Engineering （技術・工学） 安全性を向上させるための設備、方法の技術的な方策	**１．設備機器（遊具、玩具を含む）の改善** 設備機器を点検し整備し必要に応じて設備を新しくするための方策。 ・安全衛生委員会による点検を行う。 ・事業者内定期点検を行う。 ・ＩＴ機器のリスク点検を行う（個人情報漏洩、ウィルス感染等）。 **２．設備機器（遊具、玩具を含む）の適切な使用訓練** 安全に正しく設備機器を使用するための方策。 ・講習会を開催する。 ・消防訓練、災害時訓練での設備機器の使用訓練を実施する。 ・設備機器の利用マニュアル・点検チェックリストを作成する。 **３．設備機器を保育・安全の向上に資する研修（ＰＣソフトを含む）** 業務をよりシンプルかつ効率的に遂行するための方策。 ・設備機器の利用工夫の勉強会を実施する。 ・便利な機器・安全な玩具を導入する検討会を実施する。

出典：中目（2018）に加筆作成

５Ｅの区分	４Ｍ(Man・Machine・Media・Management)の区分を考慮した対策例
Enforcement （強化・徹底） 業務を確実に実施するための強化・徹底に関する方策	**１．規定化（業務の明確化と「見える化」、簡潔な指導計画の作成）** 業務内容を定型化し業務の簡素化、手順の明確化、安全で適切な保育サービスの維持を図るための方策（新人の従事者でも分かり易い表現内容とし、従事者が互いに業務内容を分かるようにする）。 ・規定(計画)・マニュアル・チェックリストの策定・見直しを行う。 ・作業（保育）単位での各種チェックリストを作成する。 ・業務フローを作成する（重要ポイント、注意ポイントの明示化）。 **２．評価・指導** 業務内容の適正化を図り、ヒューマンエラーが発生し易い保育や作業の抽出を行い、その実施について注意喚起を図るための方策。 ・該当する保育・作業の内容の評価と、実施の指導を行う。 ・注意喚起の表示や掲示を行う（計画・マニュアルへの反映を含む）。 **３．危険予知活動（ＫＹＴ）等の実施** 保育等業務における危険個所の抽出や不安全行動についての未然防止を図るための方策（危険を気付く力の醸成）。 ・ヒヤリハット活動を実施する。 ・他園を含めた事故等事例から学ぶ研修を行う。 ・保育を行う前の危険予知活動（ＫＹ活動）を行う。 ・ツールボックスミーティング（ＴＢＭ）を行う。
Example （模範・事例） 具体的な事例を示す方策	**１．模範事例・危険事例の周知** 業務におけるヒューマンエラーを防止する改善事例を学び職場に活かすための方策（学習する組織づくり）。 ・事例集を作成する。 ・事例を題材に研修や勉強会を開催する。 ・自園内及び他園での役立つ事例を収集し職場で発表する。 **２．模範事例・危険事例の水平展開** 有効な経験知を組織間（職場や異なる職場間）で共有するための方策（学び合う組織づくり、組織間の風通しを良くする）。 ・組織間でデーターベースづくりを行う。 ・データベース（事例集）による情報共有する（ＩＴ活用を含む）。 ・園等の事業所間・組織間を横断した事例発表会を開催する。
Environment （環境） 作業環境を改善する方策	**１．保育環境・作業環境の改善** 疑問を待たず当たり前に仕事をしている業務に対して客観的な目によりヒューマンエラー要因があるか否かについて点検し、改善するための方策（保育における気付き力などの注意力向上も図る）。 ・保育スペース、保育等作業動線の点検と見直しを行う。 ・照明、騒音、湿度、温度等の点検と見直しを行う。 ・火災発生時等の避難経路の確保点検を行う。 ・地震時における什器倒れ防止の点検と耐震対策を行う。 ・災害時等に備えた停電対策、備蓄品確保を行う。 ・災害時等に備えた実践的な防災訓練を行う。

出典：中目(2018)に加筆作成

(3) 心身機能に着目した事故防止策

　ヒューマンエラーを防止するためには、保育を担う保育等従事者の心理的な面にアプローチをして、その時々の場面での従事者の心理状況を理解して、ヒューマンエラーを引き起こす心理状況を緩和する対応策を実施する方法 [17] もあります。

　谷村（1995）は、ヒューマンエラーが従事者の "どんな心情のとき" "どんなことが起因となり起こるのか" について分析しています。従事者のヒヤリ報告（ヒヤリハット報告）における「心の訴えの内容」における心身機能について、①場面把握、②思考の統合、③感情・情動（思考統合に直接関係する喜怒哀楽の機能）、④作業行動（決めたことを全身の機能を使って作業する機能）の４つに分け、その区分ごとの心身的弱点を掲げて分析しその対応を考えています。図表 2-12 に表にしたものを示します。

図表 2-12　心身機能区分と「心の訴え」12 項目

心身機能の区分		心身機能別の「心の訴え」12項目 （ヒューマンエラーにつながる心身的弱点）
区分	内容	
場面把握	五感で捉えた情報から作業に必要な注意点を探り出す	①良く見えない、聞こえない ②気が付かない ③忘れていた
思考の統合	作業に必要な注意点から、考えて、価値意識をもって判断する	④知らなかった ⑤深く考えなかった ⑥大丈夫と思った（価値判断のズレ）
感情や情動の機能	思考の統合に直接関係する喜怒哀楽の機能	⑦あわてていた ⑧不愉快だった ⑨疲れていた
作業行動の行動化する機能	決めたことを全身を使って作業する機能	⑩無意識にやってしまった ⑪やりにくかった ⑫体のバランスを崩した

出典：谷村（1995）から作成

　その区分毎に直接要因（人、作業、モノ・環境）と対策例を整理し、それを一覧表として作成したものを図表 2-13(1/2)と(2/2)に示します。これらを考慮した防止策を講じることは、保育等従事者主体としたヒューマンエラー防止策となると考えます。

図表 2-13(1/2)　ヒューマンエラーにおける「心の訴え」毎の要因分析と対策例

機能区分	エラーにおける「心の訴え」	直接的要因			対策例
		人	作業	モノ・環境	
場面把握 （五感で捉えた情報から作業に必要な注意点を探り出す）	①良く見えない、聞こえない	・視力減退 ・聴力減退	・作業位置が悪い ・背に光を受ける	・照明環境が悪い ・騒音環境が悪い	・環境の整備 ・レイアウト見直し ・知識教育 ・技能教育 ・態度教育（危なさの体験） ・発見学習として危険予知訓練（KYT） ・設備等の安全化 ・メモ癖、確認癖を付ける（指さし確認、声だし確認等） ・作業方法、作業指示の見直し
	②気が付かない	・知識不足 ・経験不足	注意点が多く気付きにくい	・作業環境が悪い ・レイアウトが悪い ・設備等の機能が複雑で分かりにくい	
	③忘れていた	・一過性健忘 ・記憶力低下	・急所が多く一つを忘れる ・指示事項が多い ・非日常作業で急所を忘れた	設備等の機能が複雑で覚えきれない	
思考統合 （作業に必要な注意点から、考えて、価値意識をもって判断する）	④知らなかった	・仕事の知識がなかった ・仕事の技能経験が乏しかった ・ルールを知らない	・仕事のやり方の手順・急所を把握しにくい ・目視点検の仕方を知らない ・トラブル処理を知らない	設備等の機能性能が良くわからない	・知識・技能教育の充実 ・パターン知識（定石）による効率的な判断をできるようにする訓練（体験学習） ・チームで判断する訓練 ・曖昧でない誰でも理解できる判断内容を表示し作業基準を作成する ・事故事例等経験談を聞かせる
	⑤深く考えなかった	・慣れた作業で考えずにやった ・考えるのが面倒だった ・考えず手拍子でやった	・考えずにやれる作業だった ・単純作業で気を抜いた		
	⑥大丈夫と思った	・作業に自信があり過ぎた ・経験のみに頼り過ぎた ・ルールに違反しても危ないと思わなかった、	・今までのやり方で支障なかった ・叱られるまでやるという甘い考えだった ・職場の悪慣習の存在		

出典：谷村冨男（1995）から作成

図表 2-13(2/2)　ヒューマンエラーにおける「心の訴え」毎の要因分析と対策例

機能区分	エラーにおける「心の訴え」	直接的要因			対策例
		人	作業	モノ・環境	
感情・情動 （思考統合に直接関係する喜怒哀楽の機能）	⑦あわてていた	・慌てるくせがある ・上司にあおられると気が焦る ・慌てて緊張すると急所を忘れる	トラブル時つい急ぐ		・トラブル時への処理訓練 ・上司等は必要以上に「あおらない」こと ・リーダー等が声かけをして良き聞き役になる ・疲労要因が環境要因、作業要因、個人要因のどれかを見極めての環境整備、設備等の改善、作業時間の調整、作業方法の見直し
	⑧不愉快だった	・嫌々やっていた ・自信がない ・やり甲斐がない ・人と喧嘩をした ・気が乗らない	・作業指示が一方的で意見を聞いてくれない、 ・作業相手と性格が合わない		
	⑨疲れていた	・体の調子が悪い ・精神的に疲れていた ・肉体的に疲れていた	・共同作業で呼吸が合わない ・注意力の持続が必要なため ・重筋労働の持続のため	・作業環境が良くない ・1人当たりの作業範囲が広い ・一人でいろいろな作業をやるため	
作業・行動 （決めたことを全身を使って作業する機能）	⑩無意識にやってしまった	・慣れた作業なので反射的に手が動いた、 ・急いでいてつい手を出した ・手拍子でやる癖がある	・作業に時間的プレッシャーがかけられた ・上司から急ぐようにあおられた	設備等の故障で修理を急いでいた	・一呼吸おいた確認の励行、 ・作業に合った確認方法を職場で工夫して作業手順書への明記 ・当該作業の技能訓練 ・実地調査を行い、現場に則した無理のない姿勢で行える作業方法への改善
	⑪やりにくかった	・やり方をマスターしていなかった ・練習が足りなかった ・やり方が難しかった	・やり方が標準化されていない ・自分流のやり方でやった ・相手と呼吸が合わなかった	・設備等が作業をし易い設計になっていない ・作業標準書がやりにくい	
	⑫体のバランスを崩した	・やってみると無理な姿勢を強いられる作業だった ・高齢のため無理だった	・急ぐため無理な姿勢で作業をやった、 ・作業方法に無理があった	・足場が悪かった ・作業空間が十分でなかった	

出典：谷村冨男（1995）から作成

第3章　ヒヤリハット活動

　この章では、ヒューマンエラーによる事故を防止することに寄与し、かつ保育等従事者が働き甲斐を持って保育ができる活性化ある職場づくりとなる、ヒヤリハット活動をどのように運営するかの具体的な内容について述べます。

1．ヒヤリハット活動のねらいと活用

(1) ねらい

　子どもと保育等従事者とが安全に安心して過ごせる園づくりが目的です。そのためには、保育事故を発生させない、すなわち、事故発生の大半の要因となるヒューマンエラーを防止することを狙いとします。これに合わせて、子どもが楽しく遊び学べて、保育等従事者も働き甲斐を持って保育を行える園づくりです。

　そのために第2章1(3)1)項のハインリッヒの法則で説明したことを思い出してください。事故を防止するために、園でのヒヤリハット事例に着目し、それに関係する不安全行動や不安全状態を見つけ出し、その要因となる行動や状態を発生させないように工夫し改善していく活動を継続していきます。これによりヒヤリとしたりハットするような事例に至らないようにします。この活動をヒヤリハット活動と言います。また、この不安全行動や不安全状態の起因は、本書では、保育等従事者の個人の責任のみでなく園を経営している事業体と園を運営している組織にも関係していると考えます。

つまり、事業経営の根幹として園の保育等従事者が働く拠り所となる経営理念があり、経営者・施設長等管理者のそれぞれのリーダーシップとマネジメントのもとに従事者が働いています。園には、組織体制、各種規定、人事制度等が機能しています。従事者の行動規範のベースとなる企業文化もあります。そして、従事者に最も身近なものとして無意識に行動や価値観に大きく影響を与える職場風土があります。厚生労働省の「保育所保育指針解説」18)でも、重大事故発生防止のために、ヒヤリハット事例の収集及び要因分析を行い、必要な対策を講じるなど、組織的に取り組みを行うとあります。

　また、ヒヤリハット活動を単に事故防止のために運営するだけでなく、上手にその活動を推進していけば、保育等従事者が安全で安心して働ける働き甲斐のある職場づくりにもなると考えます。詳しくは後述の 3.(3)項で説明します。図表 3-1 にそのヒヤリハット事例の位置づけのイメージを示します。

図表 3-1　不適切なサービスにおけるヒヤリハット事例の位置づけ

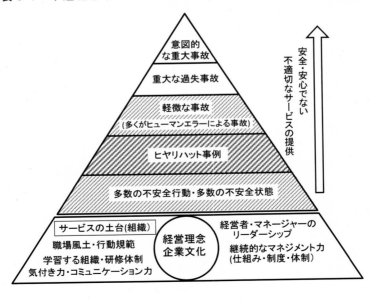

（2）ヒヤリハット活動の位置づけ

　事業活動においては、「安全第一」という言葉があるように利用者である「子ども」と従事者である「保育等従事者」の安全確保についてはとても大切なことです。しかし、経営者が安全第一を宣言している企業でも、利益や効率が優先され実態は安全が二の次になっているケースがあります。残念なことですが人身事故等を不幸にして発生させて初めて、「安全第一」を痛感するといったことがあります。安全を重視し利用者と保育等従事者の満足を得て、良好なサービスを提供していく経営を継続していくことは、結構難しく工夫が必要となるものです。せっかく取り組むヒヤリハット活動は、園の運営において付随的な活動でなく、園の運営の中核に位置付けて本気で取り組むことが成功のポイントと考えます。その活動のイメージを図表 3-2 に示します。図を見て分かるように「ヒヤリハット活動」を上手に運営していけば、園の全体の運営と関係させていくことが出来ます。

図表 3-2　ヒヤリハット活動の位置づけ

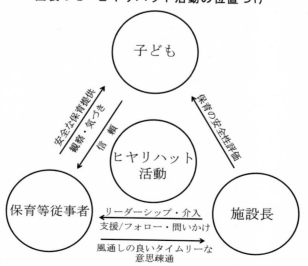

(3) 対象とするヒヤリハット事例の範囲

　どのようなヒヤリハット事例の範囲を対象にしてヒヤリハット活動を行うかを明確に決めておくことが必要です。組織内で新しい取組みを始めるときには、従事者の立場からすると「忙しいところに余計なことに時間が割かれる」「面倒なことをさせられる」などの受け止められ方をするでしょう。また、ヒヤリとしたことを報告すると、「自分はスキルが無いと思われてしまうのでは」「自分は、知らなかったと思われてしまうのでは」「一度報告すると、内容を細かなことを聞かれ面倒だ」などの意識が働き、「この事例は、報告の対象外だから報告しないでおこう」と自分で都合よく解釈してしまうことが考えられます。せっかくの貴重な体験情報が集まらない可能性があります。従って、園としてヒヤリハット活動を開始するにあたっては、ヒヤリハット事例として従事者に報告して貰う対象範囲については、具体的な例を挙げて示すことが必要です。

　そして、収集する事例の範囲には一般的な事故に至る可能性のあるヒヤリハットする事象に加えて、子どもの人権擁護や個人情報漏洩事故になりそうなヒヤリとした事象など、園の経営と運営に支障を来す内容を加えると良いと考えます。第2章1(2)項の図表 2-3「保育施設等におけるヒューマンエラーの範囲」における「規則違反」に関係する内容を入れることです。子どもへの児童虐待や子ども間のいじめなど「保育サービスにおいて気になること」も報告の対象にすることは、「職場の見える化」に役立ち園の運営の透明化に寄与することになります。

　また、消防避難訓練などにおいてヒヤリハットした事象を対象にすると良いでしょう。消防訓練後の反省会で改善点を出して議事録に残しても、そのままになっている場合があります。ヒヤリハット活動の対象として報告することにより災害時等の非日常時における課題点が「見える化」し、改善することに役立ちます。ヒヤリハット報告の対象とする範囲については、活動目的や運営方法などと同じように、保育等従事者全員に十分な説明をして従事者のコンセン

サスを得ることが大切となります。報告する対象事象は、具体的に例示し従事者が誤解せずに理解できるようにしておくと良いです。その事例の範囲の例について図表3-3に示します。

図表 3-3　収集するヒヤリハット事例の範囲

範囲区分			内容
体験による事象	①	主に子ども自身の活動に関わる不安全な行動・状態	・事故に至りそうだったヒヤリハット事象 ・ヒューマンエラーによる事故に至りそうだった事象
	②	主に従事者自身の活動に関わる不安全な行動・状態	・事故に至りそうだったヒヤリハット事象 ・ヒューマンエラーによる事故に至りそうだった事象
	③	設備機器(食品取扱設備、給水設備、遊具、玩具を含む)に関わる不安全な行動・状態	・設備機器の操作等に関わるヒヤリハット事象 ・設備機器自体の不安全状態によるヒヤリハット事象 ・ヒューマンエラーによる事故に至りそうだった事象
	④	従事者の保育環境・従事者への情報に関わる不安全行動・状態	・事故に至りそうだったヒヤリハット事象 ・保育等マニュアル・チェックリストが十分でなかった事象 ・従事者間で引き継ぎが十分でなかった事象 ・保育の役割分担が不適切であった事象 ・ヒューマンエラーによる事故に至りそうだった事象
	⑤	子どもの人権擁護・プライバシー等に関わる不適切な行動・状態	・子どもの人格を尊重しない関わりをしそうになった事象 ・脅迫的・罰を与える関わり、乱暴な関わりになりそうな事象 ・子どもの家庭環境を考慮しないような関わりになりそうな事象 ・差別的な関わりをしそうになった事象
	⑥	法律等遵守に関わる不適切な行動・状態 (違法行為や不祥事に関わる事象)	・散歩時等で交通法規を破りそうになった事象(道路交通法) ・子どもや保護者の個人情報を漏洩しそうになった事象 　(個人情報保護法) ・無許可でキャラクター等を使用しそうになった事象 　(商標法・著作権法等) ・食事提供における衛生管理を怠りそうになった事象 　(食品衛生法、学校給食衛生管理基準等) ・パワーハラスメントになりそうなった事象(パワハラ防止法) ・労働災害が発生しそうになった事象 　(労働安全衛生法・労働基準法) ・保護者等との金銭授受等でトラブルになりそうになった事象
想定による事象	⑦	消防訓練・災害避難訓練等における不安全な行動・状態	・火災想定の消防訓練での避難時の不安に感じる事象 ・通報装置・スプリンクラー操作で誤操作をしそうになった事象 ・災害避難訓練における安全性で不安を感じる事象 ・不審者侵入を想定した対策で気になる事象 ・地震時の耐震対策が不十分で不安を感じる事象 ・豪雨による浸水を想定した避難対策で不安に感じる事象
	⑧	保育サービスの中断が迫られるようなリスクを想定した場合のサービス継続の妨げとなる行動・状態 (事業継続計画(BCP)遂行の妨げになる事象)	・長時間停電を想定した対策で気になる事象 ・地震等災害を想定した事業継続計画(BCP)で気になる事象 ・新型インフルエンザ等感染症対策で気になる事象 ・集団食中毒発生時に備えた対策で気になる事象

（4）ヒヤリハット活動を変化させていく

　ヒヤリハット活動は、出来るだけ簡単な方法で初めて、活動が軌道に乗ってきてから活動の質を高めていくことが良いと考えます。小さく生んで大きく育てる発想です。そして、保育等従事者が活動に慣れて、安全についての意識が高まり、不安全行動と不安全状態に気付く力が高まってくるなどの変化に応じて、その活動の運営方法を上手に変化させていくことが成功のポイントです。組織の力量の実態に合わせてスタートさせて、組織の変化に合わせてヒヤリハット活動の運営を変化させていくことです。

　ヒヤリハット活動を変化させていくイメージを図表 3-4 に示しました。その活動は、「ヒヤリハット事象の気付き重視する活動」と「ヒヤリハット事象防止と改善策を重視する活動」があります。

図表 3-4　ヒヤリハット活動の変化イメージ

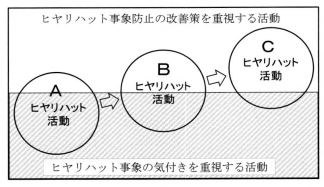

【Aの段階】

　活動の当初は、保育等従事者が自園における保育に関わることにおいて、ヒヤリハットとする不安全行動や不安全状態に気付くことを重視します。その不安全行動や不安全状態の要因分析やそれを防ぐ改善策を考えることには力を入れなくて良いです。ヒヤリハット事例を報告して貰う件数を増やすことに努力します。

【Ｃの段階】

　保育等従事者が自園における保育に関わることにおいて、ヒヤリハット事象の起因となる不安全行動や不安全状態を発生させることについて要因分析を行い、その防止策などの改善策を考えて提案して貰うことを重視します。保育等従事者自らが当事者意識で考えてアイディアを出して貰います。一人ひとりで考えることはもちろんですが、職場の仲間やリーダーなどと話合って改善策を考えて貰うことが期待されます。

【Ｂの段階】

　Ａの段階からＣの段階に行くまでの中間の段階です。ＡとＣとを折衷した内容です。

　活動の進展については、一般的にはＡ→Ｂ→Ｃと変化させていきます。ＡからＣの段階に行くに従い、組織の学習レベルが高くなっていくと考えます。自園の保育等従事者のスキルレベルから判断して、場合によってはＡの段階からでなくＢの段階からヒヤリハット活動を開始する方法も良いでしょう。

　後述しますが、それぞれの段階に応じて、運営方法、使用する様式などを変えていく工夫が必要となってくるでしょう。自園の組織の状況を勘案して、どこの段階からスタートするかを考えて活動を取り組んでください。

２．活動運営の具体的なポイント

（1）活動展開のステップ

　ヒヤリハット活動を園で実施する場合の手順等のステップについて説明します。各園の組織の実態に合わせて応用してください。図表 3-5 に全体のステップについてのチャートを示し、以下順に説明します。

図表 3-5　ヒヤリハット活動展開のステップ

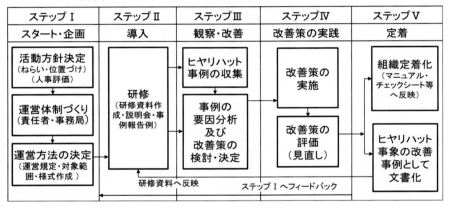

1）ステップⅠ（スタート・企画）

　①活動方針の決定

　　　園等としてヒヤリハット活動を始めるにあたって、活動のねらい・目的、位置づけ、及び対象とするヒヤリハット事象の範囲などについて話し合ってコンセンサスを得て、それを明確にします。人事異動で施設長等の園の責任者や保育等従事者が代わることを想定し文書化をしておきます。園等の経営理念や行動指針との整合を図っておくことが望まれます。そうしておかないとヒヤリハット活動は、園の活動において付随的な活動になってしまう恐れがあります。本気で取り組む姿勢で臨むため

には、保育等従事者のスキル評価・行動等の態度評価などの人事評価等と関係させておくことも良いと考えます。

②運営体制づくり

　ヒヤリハット活動を運営し推進していく組織を明確に決めます。活動の責任者、活動の事務局等の責任者と担当者を決めます。園における人材の力量や運営内容の実態などを考慮して決めます。当初は、施設長が事務局も含めて責任者となり、園内の人材が育ってくれば主任保育者等に事務局を担当して貰う方法もあるでしょう。その主任保育者等を「リスクマネジャー」等の担当名称を設けて任命する方法もあります。意識づけにもなります。

③運営方法の決定

・ヒヤリハット事例を報告するルートを決めます。例えば「報告提出者」→「リスクマネジャー」→「施設長」というルートが考えられます。

・ヒヤリハット事例を無くする方策、不安全状態を改善する方策を議論し意思決定する「場」、「誰が決めるのか、どうやって決めるのか」などを決めておきます。園の「リスクマネジメント委員会」あるいは「事故防止委員会」等で話し合い決めるようにするのが良いでしょう。実際は、毎月一回の全体会議などで一定の時間を割いて行うことになるでしょう。活動の当初や小規模な園では、会議によらずに施設長に事例を報告して貰い、施設長が改善策を決めて改善策を実行する方法もあります。そして、四半期毎などの一定期間毎に「その改善策の評価」と合わせて全体会議で話し合うという方法も考えられます。

・前①②の内容を含めて、運営規定等マニュアルとして文書化しておきます。その話し合う会議を定期的開催するようにしておくことも必要です。「必要の都度開催」としておくと、気が付くと一年間開催ゼロということになってしまいます。

・話し合って決めたことを簡単で良いので、ポイントを議事録と

して残しておきます。Ａ４版一枚の議事録のひな形を作ってお
くと良いです。会議の効率化と担当者のスキル向上になります。
・ヒヤリハット事例報告の様式を作成しておく。この様式のひな
形の作成は、この活動を行う上でとても大切なところと考えま
す。前1.(4)項でのＡ段階の活動を始める段階では、なるべく簡
単な様式が良いでしょう。後述の(2)項に様式例を示しています。

2) ステップⅡ（導入）

前のステップⅠで決めた内容について、園の保育等従事者全員
に対して説明会などの研修会を開催します。運営方法などの文書
化は、研修会当日に休暇取得や出張で研修会に参加できない従事
者への研修に役立つでしょう。保育等従事者がヒヤリハット事象
に気付く力を研鑽することが大切となります。

3) ステップⅢ（観察・改善）

①ヒヤリハット事例の収集

ヒヤリハット活動は、子どもの保育を担う現場で保育等従事者
自らの体験に基づく「ヒヤリハット事例」を集めることから始
まります。自らの体験だけでなく、現況において想像出来るリ
スクから不安全行動や不安全状態を想定し、それを防ぐ対応策
を講じていくことも大切となります。特に災害時等への備えと
して大切です。気付く力が向上してきたならば、このように「想
定によるヒヤリハット事象」を集めることも大切となります。
また、自園だけで集めたヒヤリハット事例だけでなく、他園等
でのヒヤリハット事例を役立てていくことも大切です。

②ヒヤリハット事例の要因分析

事故分析やヒヤリハット事象の要因分析に当たっては、いろ
いろな要因分析手法があり、本書では４Ｍ手法を紹介していま
す。第2章3.(1)項「４Ｍ手法による要因分析」により要因分析
を行います。ヒヤリハット活動を推進していく上では、一つの
要因分析手法を採用し取り組んで行くことが従事者への研修や、
組織の学習レベルを上げていくうえで効率的かつ効果的です。

③改善策の検討と決定

　　改善策の検討は、第2章3.(2)項「4M-5E分析マトリック
ス表による事故防止策」により具体的な改善策の案を考えます。
改善策の決定は、リスクマネジメント委員会あるいは事故防止
委員会において行います。前述の 1)③で述べたように活動の当
初や小規模園では、施設長等が決めていく方法もあります。

4) ステップⅣ（改善策の実践）

①改善策の実施

　　決めた改善策を現場で実践していきます。園として組織とし
て実践しますので、最小限の実施方法等のマニュアルやチェッ
クリスト等を作成し、園の保育等従事者全員に対して該当の改
善策の実行を周知することが必要です。また、改善策の実施に
当たって「2ケ月後に評価を行います」など評価実施の時期を
決めておくことが大切です。これを予め決めておかないと活動
はけじめが無くなり収拾がつかなくなります。

②改善策の評価・見直し

　　実行している改善策が該当の不安全行動あるいは不安全状態
を防ぐことに有効か否かの評価をします。該当の改善策が有効
で無いと評価した事案については、見直して別の改善策を検討
し決めます。園内で複数の改善策の実行が行われている中では、
改善策毎の管理を行っていくことも必要となります。

5) ステップⅤ（定着）

①組織内へ改善策の定着

　　前 4)で有効と評価することが出来た改善策については、園内
で本格的に実施していくことになりますので、園内にある関係
マニュアルやチェックシートなどへ反映させます。これを行っ
ておかないとせっかくの改善策が定着化しません。

②ヒヤリハット改善事例として文書化（記録化）

　　実施することになった改善策についてのヒヤリハット事例に
ついて文書化を図ります。この時、評価で有効で無いとしたも

のについても文書化し記録することも役立ちます。これにより、園内の保育等従事者が似たようなヒヤリハット事象の改善策を検討する場合や、園内での研修する場合の材料となります。これらの積み重ねにより、組織の学習レベルが上がっていきます。

　そしてこれらの一連の活動のステップが終了した後に、全体を通じて必要が出てくれば「ステップＩ（スタート・企画）」へ必要なアクションを実施するなどのフィードバックを実施します。
　また、安全に関わることなので、スピードも重要となります。活動展開のチャートを、管理のＰＤＣＡサイクルとして、スピーディに回すことも必要となります。図表 3-6 にＰＤＣＡサイクルの図を示します。図で 4→5→6→2→3→4 のサイクルを出来るだけ早く回すことが必要になります。

図表 3-6　ヒヤリハット活動の PDCA サイクル

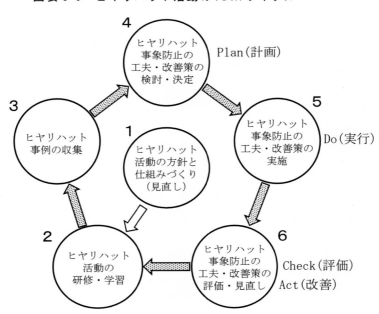

(2) 使用様式の工夫

　ヒヤリハット活動を推進していくうえで、活動に使用する主な様式を予め作成し使用していくことは役立ちます。園内で活動について保育等従業者に研修を行っても、実際の活動に当たって各従事者は、手にして目にする各種様式類に大きく影響されます。気の利いた様式は、関与する人の思考、記録、管理を手助けします。活動を始める前に予め用意しておくと良い様式について以下に説明します。余力があればＩＴ活用による関係業務の効率化を検討してください。

1）作成しておきたい様式について

①「ヒヤリハット報告書」様式

　　報告様式が最も大切なものとなります。前 1.(4)項「ヒヤリハット活動を変化させていく」で説明した活動段階に応じた様式を使用することが必要となります。図表 3-7〜3-9 に報告書様式のひな形を３種類作成してみました。以下に説明しますので、各園の実態に合わせて活用してください。

・Aの段階：

　　保育等従事者がヒヤリハット報告書を作成し報告するには、なるべく簡単に報告書を作成できるように配慮します。そして、報告書を提出した保育等従事者は、自分が書いたものがどうなったか関心がありますので、園の責任者である施設長がその内容についてコメントをして、なるべく早く該当保育等従事者へフィードバックすることが望まれます。これは、報告書は園の責任者である施設長と保育等現場の担当者との間で、「安全」という切り口でのコミュニケーション・ツールとも考えられます。施設長は忙しくとも、なるべく早くコメント等を付して報告した従事者へフィードバックすることが活動活性化のポイントになります。図表 3-7 に示す「ヒヤリハット報告書様式Ａ」がこの段階には向いています。図表 3-8 に示す「ヒヤリハット報告書様式Ｂ」でも良いです。

・Bの段階：

　　この段階では、ヒヤリハット報告を行う保育等従事者は、報告する事案の不安全行動あるいは不安全状態についての要因分析と防止策について、ある程度、自分で考えて防止策案を作成できるレベルと考えます。図表3-8に示す「ヒヤリハット報告書様式B」がこの段階には向いています。図表3-9に示す「ヒヤリハット報告書様式C」でも良いです。

・Cの段階：

　　この段階では、保育等従事者はヒヤリハット事象についての要因分析と防止策について、それなりに習熟している状態と想定します。図表3-9に示す「ヒヤリハット報告書様式C」がこの段階に向いています。この様式は、事故発生時における事故報告書を作成できるように必要な情報も記録することを学ぶことも考慮した様式となっています。図表3-8に示す「ヒヤリハット報告書様式B」でも良いです。

②ヒヤリハット事象を防止する防止策の管理表

　　ヒヤリハット活動を進めていくと、複数の「防止策」が園内において同時に実行されている状況となります。それぞれの「防止策」について、2〜3ケ月など一定期間後に、当初の目的の趣旨に照らして効果があるか否かの評価を実施すると同時に、必要な見直しを行う必要が出てきます。このためには、それぞれの「防止策」についてフォローする管理表が必要となってくると考えます。

③リスクマネジメント委員会等の議事録様式

　　リスクマネジメント委員会あるいは、事故防止委員会などで、ヒヤリハット報告書で報告された事象を防止する防止策を話し合った内容を記録することと、意思決定した内容を記録しておくことが必要になります。これについても、議事録様式を予め作成しておくことは、会議の効率化や会議での決め漏れを防ぐことを図ることが出来ます。

図表 3-7　ヒヤリハット報告書様式 A

ヒヤリハット報告書

報告タイプ 体験型・想定型	報告者		報 告 年月日	年　　月　　日
いつ	年　　月　　日（　　　曜日		時頃	
どこで			【略図】図を使って説明する場合使用	
どうして いる時 （場面）				
ヒヤリハッ トと感じた 内容	（子どもと関与の場合、子どもの年齢も書いて下さい）			
原因 子ども自身 私自身 設備機器 環境等				
今後どう したいか				

報告する方は太枠内を書いてください。

		No.		
報告者へ のコメン ト			施設長	リスク マネジャー
情報共有	1．する（　供覧周知　会議：　　　　　　　　　　　）　　2．しない			
重要度	A：事故に至る可能性が高く 　　対応を急ぐ必要あり　　B：事故に至る可能性が高い　C：事故発生の可能性は低い			
防止策				

供 覧										

図表 3-8　ヒヤリハット報告書様式B

ヒヤリハット報告書

報告タイプ	報告者		報告年月日	年　月　日
体験型・想定型				

いつ	年　　　月　　　日（　　曜日）　　　　　　時頃
どこで	
どうしている時（場面）	
ヒヤリハットと感じた内容	（子どもと関与の場合、子どもの年齢も書いて下さい、図を使って説明する場合は裏面を利用下さい。）

区　分	発生要因分析	防止策・改善して欲しいこと
人 ・子どもの動き、状態 ・私自身要因 ・身体的状況 ・心理的状況 ・知識、技量		
物・設備 ・設備、遊具 ・玩具等点検 ・使用方法		
環境・情報 ・教育環境 ・保育環境 ・マニュアル、チェックシート ・引継ぎ ・連携		
管理 ・人員配置 ・指示、指導 ・管理規定 ・教育、訓練		

報告する方は太枠内を書いてください。

		No.	
防止策・報告者へのコメント		施設長	リスクマネジャー

情報共有	１．する（　供覧周知　会議：　　　　　　　　　　　　　　）　　２．しない
重要度	A：事故に至る可能性が高く　対応を急ぐ必要あり　　　B：事故に至る可能性が高い　　　C：事故発生の可能性は低い

供覧									

図表 3-9　ヒヤリハット報告書様式Ｃ

ヒヤリ・ハット報告書

									報告者

報 告 会 議 名		報 告 年 月 日	年　　月　　日

報 告 件 名		報告書作成年月日	年　　月　　日
		報 告 書 作 成 者	

ヒヤリ・ハット の 種 別	□転倒　□転落　□衝突　□誤嚥　□誤飲食　□窒息　□溺水　□食物アレルギー □施設・設備　□感染症（　　　　　　　　　　）□その他（　　　　　　　　　）

	フリガナ 子 ど も 氏 名		男児・女児	日頃の様子	
ヒヤリ・ハットの概要			歳	既往症	
	発 生 日 時		発生場所		
	発生時の状況	□睡眠　□食事　□プール　□遊戯　□散歩　□職員不在　□子ども単独　□他（　　　　）			
	気付いた人	□保育等従事者　□他職員　□子ども本人　□他子ども　□保護者　□その他（　　　）			
	内　　容 （発生した場面） （気付いた動機） （利用者状況） （自分の状況） （　経　　緯　） （子ども影響度）				

ヒヤリハット事象 発生後の 子どもの様子	

保護者への連絡	□連絡した　：　　　年　　月　　日（誰から　　　　　　　家族の　　　　　　　様へ） □連絡しない

発 生 要 因 分 析 と 対 策 の 検 討

区　　分	発生要因と思ったこと・迷ったこと	再発防止のための改善策・改善して欲しいこと
人 ・当事者、当事者以外 ・身体的・心理的状況 配置、技量、知識、 コミュニケーション		
物・機械 ・機器の機能、強度 ・使用方法、配置、		
環境・情報 ・保育等環境、手順書 ・役割分担、連携 ・必要な情報不足		
管理 ・組織、管理規定、 ・指導計画、指示指導 ・教育・訓練方法		
特記事項	ヒヤリ・ハットから学んだこと等	

対策の実施状況と 見直しの必要性に ついてチェック	チェック実施者		実施日	年　　月　　日	施設長

(3) ヒヤリハット活動を活性化させるポイント

ヒヤリハット活動を活性化させるポイントについてまとめると、以下のとおりとなります。

①経営トップ及び施設長が安全コミットメントを行う。

園の経営トップおよび責任者の施設長が、安全について大切にする旨宣言し、ヒヤリハット活動を推進することを自園内の保育等従事者に対して約束する。園児の保護者に対しても周知することも良いと考えます。

②保育等従事者全員に対して十分な研修を行い、ヒヤリハット活動を推進することについて理解を得る。

保育現場において子どもたちの保育を担う主役は保育等従事者となり、この活動の当事者となります。当事者がその活動について理解し納得することが必要です。これはどんな施策を園内に展開するときにも必要な基本事項です。

③ヒヤリハット活動の運営が面倒でなく稼働に負担をかけない工夫がなされている。

保育等従事者は日常業務に日々追われて忙しい実態にあると考えますので、ヒヤリハット活動を行うことが負担にならないように配慮することが必要です。万が一、園内で人身事故が発生してしまうと、園の日常業務に支障を来すほどの稼働負担となります。多少の稼働負担が生じても安全に関してそれなりに稼働をかける必要があることを痛感するものです。

④ヒヤリハット活動を特別の活動とするのでなく、園内の通常の保育業務の活動の中に取り込むことを工夫する。

保育等従事者がヒヤリハット事象に遭遇してヒヤリハット報告書を作成する頻度は少ないでしょう。園内の研修でヒヤリハット活動について学んでも、いざ報告書を作成するときになると手間取ってしまうのが実態と考えます。従って、日常の全体会議、日々のミーティングなどの場でヒヤリハット活動を話題にすることが重要となります。保育の実際の場面でリーダー等

従事者が、関与する保育士に対して、業務前に、どんな不安全行動や不安全状態が潜んでいるか質問を投げかける活動を行うことです。これはいわゆるＫＹ活動（危険予知活動）、ＫＹＴ（危険予知トレーニング）と言われるものです。あるいは、当日チームで行う保育活動を予定している場合、朝のミーティングなどでリーダーが中心となり、当日の保育内容や方法、段取り、問題点について短時間で参加保育士と話し合い指示伝達を行う中で安全についても話題にすることです。保育の途中でも良いです。これはＴＢＭ（ツールボックスミーティング）と言われるものです。このようにヒヤリハット活動を「日常化」することが大切となります。地震等の発生に備えた非常災害時対応についても同様なことが言えます。年に１～２回の訓練だけではいざという時に対応できないのが常です。

⑤リスクマネジメントサイクルを早く回す。

　　ヒヤリハット事象の発生から、報告・対応策の検討、対応策決定、対応策の評価という一連のＰＤＣＡサイクルを意識して早く回すことが大切です。時間目標を具体的に、「ヒヤリハット事象発生から報告まで３日、ヒヤリハット事象発生から評価まで１ケ月」などと園内で設定することが良いです。組織の習熟度に応じてその目標を短縮していくと良いでしょう。ちなみに、重大事故発生の場合、行政機関への報告は、原則事故発生当日、遅くとも翌日までに第１報をすることが求められています。

⑥施設長のリーダーシップ発揮とヒヤリハット報告者へのフォローアップをする。

　　ヒヤリハット活動そのものに対して施設長が関心を持ちリーダーシップを発揮することはもちろんですが、ヒヤリハット報告者へ配慮したフォローをすることも大切となります。報告をする保育等従事者の経験や力量は一人ひとり違いますが、施設長は感謝と勇気付けなどの言葉に加えて、対応策について具体的にコメントしてください。ヒヤリハット報告書は、施設長と

保育等従事者一人ひとりとのＯＪＴとして「研修の場」であり、「コミュニケーション・ツール」「より良い信頼関係を作る場」でもあります。ヒヤリハット活動が活性化してヒヤリハット報告件数が多くなってくると施設長にとって大変になりますが頑張って欲しいところです。

⑦ 人事評価と関係させる。

　　安全について対応する知識や力量スキルの一環として、ヒヤリハット活動へ関与することを人事評価項目の一つとして組み入れることが良いと考えます。園という組織内で推進していく活動については、人事評価制度と連携させていくことが必要です。

⑧ 職場を「学習する組織」というものに醸成する。

　　保育等従事者がヒヤリハット活動を通じて学ぶことを楽しいと思うような職場風土づくりが望まれます。自分以外の従事者の経験知を大切にして学び自分の力量が高くなることを感じられることです。ヒヤリハット事例などの過去の経験知が蓄積し活用できるようにしていることも必要です。分からないことや不安なことを先輩や同僚に遠慮なく聞いて教えて貰える、不安全行動があれば遠慮なくお互いに指摘し合えるような、コミュニケーションが良く風通しの良い職場であることが望まれます。

⑨ 人事異動を前提として継続できる活動をする。

　　園という組織では、新規採用・中途採用で入園する従事者、退園する従事者、グループ会社等から異動で入園する従事者が人事異動で構成員となります。正規職員、契約職員、パートスタッフ、保育士、保健師・看護師、栄養士・管理栄養士、調理員、事務職員、運転手等など多様な雇用形態・職種の方がいます。一人ひとりが多様な価値観を持っています。このような状況を前提として、ヒヤリハット活動を継続していくことが求められます。このためには、運営の目的や方法を出来るだけ文書化することや、チャート等図示をして「見える化」するなど分

かり易くする努力が必要となってきます。どんなに良い施策でも、難しく面倒な施策は自然と廃れてしまいます。

⑩マンネリを払拭する工夫をする。

　　いかなる活動にもマンネリが生じると心得る必要があります。年間計画において、四半期毎に「○○強化月間」などとメリハリを付けた活動を行うことを勧めます。当該月間には、ヒヤリハット報告件数が多い人、あるいは効果のある防止策案を考えた人に対して何らかのインセンティブを金銭的あるいは金銭以外のものを与えることを考慮することが考えられます。

３．ヒューマンエラーを防止する職場づくり

（1）従事者間のコミュニケーションを本気で考える

　園の運営は、保育活動に従事する多様な雇用形態・職種の人々に支えられています。子どもや保護者とのコミュニケーションはもとより、これらの保育等従事者間のコミュニケーションが適切に行われることで子どもや従事者が安心して安全な保育が実現します。

　しかし、「従事者間のコミュニケーションを良くなるようにしましょう」と言ったところでコミュニケーションが良くなるわけではありません。そんな簡単なことではありません。そこで、「子どもの安全」「自分の安全」「仲間の安全」について本気で考えて取り組みましょうということになれば、本気でコミュニケーションを良くすることに取り組めるのではないでしょうか。いろいろな考え方の人がいて反対意見も出てきます、関与したくなく黙っている人も出てきます。その時、「あなたは、本当に子どもの安全に責任が持てますか」「仲間の安全に責任が持てますか」「あなたならどうしますか」「とにかくやってみて、効果が無ければまた考えましょう」ということを繰り返せば、お互いを尊重し、自ずとコミュニケーションは良くなってくると考えます。ヒヤリハット活動など、安全を目的とした活動は、従事者間のコミュニケーションを良くする潜在力を有して

いると考えます。ぜひこのような信念でヒューマンエラーを防止するヒヤリハット活動に取り組んで欲しいと考えます。

(2) 人材育成に活かす

　一般的に各園が園内で保育等従事者に対して人材育成として研修を企画し実施することは、シフト勤務をしていて人員的に余裕がなく全体で揃って研修を行う機会が難しいなど、いろいろ制約があり苦労しているのが実態と考えます。研修のテーマについては、個々の専門性に関わるテーマは比較的多くありますが、トータル的な力量を高めるテーマ、状況判断力、危機管理対応力などのテーマは少ないと思います。あったとしても自園の実態に合った研修にカスタマイズすることが実践的には必要になります。「安全」というテーマは分かり易く、取っ掛かり易く、かつトータル的な力量、マネジメントスキルが要求され奥行きが深い内容を含んでいます。いざという時にも必ず必要となるスキルでもあります。主任保育士等の研修テーマとして適していると考えます。ヒヤリハット活動は取り組みやすい活動で内容も幅広く深いところがありますので、ぜひ園内の研修という観点でも活用することを考えてください。

(3) 仕事の見直しと職場づくり

　園の経営や運営においては、保育士等の採用、離職防止、人材育成、働き方改革、サービスの向上、子ども募集等の営業、経費削減、業務改革・改善など様々な経営課題・運営課題があります。特に日常業務に日々追われている中において、業務の改善や仕事見直しに取り組むことは難しいものがあります。組織内では問題が大きく顕在化しないと、従来どおりの方法を良しとして問題に気が付かないことがあります。しかし、日常と違った視点で現状の業務の流れや内容を見ることにより、問題点や改善点に気付くことがあります。特に「安全」を切り口にして業務を見直しすることは、職場での保守的な「反対勢力」の出現を抑制する効果もあります。

ヒヤリハット活動は保育等従事者の「業務の内容」についての気付く力を醸成します。ヒヤリハット活動は、ある意味で日常と違った視点で現行の業務をアセスメントすることになり、園内の業務改善や仕事の見直しにも活用できると考えます。

　また、外部の力（外部システム等）を上手に活用して自園の業務を改善していく方法もあります。外部の力としては、外部監査、第三者評価受審[19]、ISO マネジメントシステム（世界基準のモノサシに沿って、経営方針と目標を定め、それを達成するために組織を適切に管理する仕組み）導入などが該当するでしょう。これらのイメージを図表 3-10 に示します。

図表 3-10　日常業務と違った視点による経営・運営の課題解決

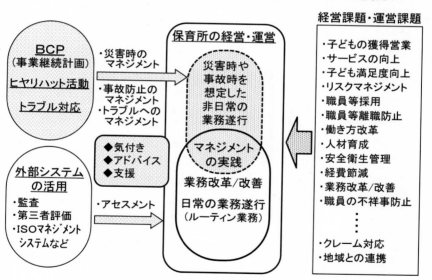

　さらに、不安全行動や不安全状態を防ぐ、あるいは軽減することを実現することにより、園内の業務の流れが良くなり、稼働にも無駄が減り多少余裕が生まれると思います。これにより、保育等従事者の気持ちにも余裕ができると考えます。

そして、本書が推奨する４Ｍ手法による要因分析を行ってヒヤリ
ハット活動を推進することにより、ヒューマンエラーを防止する職
場風土を醸成すると「好ましい職場」が形成できます。４Ｍ手法の
心は、ヒューマンエラーを起こした個人の責任を追及するものでは
なく、その発生要因には何らかの背景要因があると考え、それを掘
り下げて要因分析することです。「人は誰でもエラーをするものだ」
という前提で、解決を個人に依存するのでなく、組織としてチーム
連携で解決しようとすることです。このことに習熟してくると、前
(1)項で述べたように職場のコミュニケーションは良くなり、風通し
の良い職場ができると考えます。

　良い職場づくりが出来ている保育所は必ずしもヒューマンエラー
による事故は減るわけではありませんが、ヒューマンエラーを防ぐ
活動を一生懸命取り組むと、結果的に、人間関係が良くなり働き易
い職場づくりになると考えられます。

(4) 経営理念をもう一度考えてみよう

　各保育園等は、「児童福祉法」等や厚生労働省が定める「保育所保
育指針解説」などを踏まえて、保育に関わる「保育指針」などを作
成していると考えます。しかし、保育園全体の経営に関わる「経営
理念」というものを作成していないところもあるのではないでしょ
うか。「経営理念」は、園が大切にする価値観や進むべき方向性を示
し、保育等従事者の判断基準、行動指針にもなります。「安全」への
取組みの考え方についても、この経営理念のレベルに含めることが
適切と考えます。

　保育所等の福祉サービス利用者の選択に資する情報提供の一環と
して行う福祉サービス提供事業者に対する第三者評価事業において、
厚生労働省は、福祉サービス第三者評価基準ガイドラインを示して
います。その評価基準のトップに「理念、基本方針が明文化され周
知が図られている。」ことを掲げています。

　保育園の経営においても、施設の規模の大小に関わらずに、ぜひ

「経営理念」を作成して貰いたいと考えます。今までの説明で、ヒヤリハット活動を園の中で付随的な活動でなく中核的な活動として捉えて考えると、ヒヤリハット活動はいろいろなことと繋がってくることを理解していただけると思います。図表 3-11 に「ヒヤリハット活動を支える 3 つの要素」を示します。園の活動を支える鼎の 3 本の足に相当すると考えます。ヒヤリハット活動は、「目指すところの経営理念」「子どもの保育を担う保育等従事者の当事者意識による行動」及び「園という組織を動かすか人事制度等の仕組み」の 3 つにバランス良く支えられて運営されると考えます。

　そして、園内の保育等従事者全員で話し合って経営理念の作成にチャレンジして欲しいと考えます。既に自園の経営理念があるところは見直しに取り組んでみてください。「安全」に関する事項についても考慮して取り組んでください。その作成するプロセスも貴重な経験として役立つことでしょう。

図表 3-11　ヒヤリハット活動を支える 3 つの要素

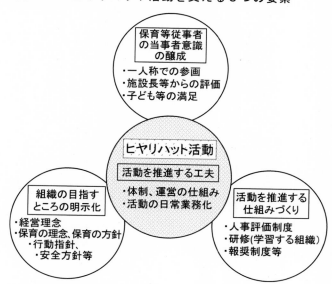

資料編

・**資料 1**

　内閣府・文部科学省・厚生労働省「特定教育・保育施設等における事故の報告等について」（平成 29 年 11 月 10 日　府子本第 912 号・29 初保発 1110 第 1 号・子子発 1110 第 1 号・子家発 1110 第 1 号）

・**資料 2**

　内閣府・文部科学省・厚生労働省「教育・保育施設等における事故防止及び事故発生時の対応のためのガイドライン【事故防止のための取組み】〜施設・事業者向け〜」（平成 28 年 3 月 31 日　府子本第 192 号・27 文科初第 1789 号・雇児保発 0331 第 3 号）

・**参考文献**

府 子 本 第 9 1 2 号
2 9 初 幼 教 第 1 1 号
子 保 発 1 1 1 0 第 1 号
子 子 発 1 1 1 0 第 1 号
子 家 発 1 1 1 0 第 1 号
平 成 29 年 11 月 10 日

各 都 道 府 県 民 生 主 管 部 （ 局 ）
各 都 道 府 県 児 童 福 祉 主 管 部 （ 局 ）
各 都 道 府 県 私 立 学 校 主 管 部 （ 局 ）の 長
各 都 道 府 県 教 育 委 員 会
各 都 道 府 県 認 定 こ ど も 園 担 当 部 （ 局 ）
各 指 定 都 市 ・ 中 核 市 民 生 主 管 部 （ 局 ）
各 指 定 都 市 ・ 中 核 市 児 童 福 祉 主 管 部 （ 局 ）
各 指 定 都 市 ・ 中 核 市 認 定 こ ど も 園 担 当 部 （ 局 ）

内 閣 府 子 ど も ・ 子 育 て 本 部
参 事 官 （ 子 ど も ・ 子 育 て 支 援 担 当 ）
内 閣 府 子 ど も ・ 子 育 て 本 部
参 事 官 （ 認 定 こ ど も 園 担 当 ）
文 部 科 学 省 初 等 中 等 教 育 局 幼 児 教 育 課 長
文 部 科 学 省 初 等 中 等 教 育 局
健 康 教 育 ・ 食 育 課 長
厚 生 労 働 省 子 ど も 家 庭 局 保 育 課 長
厚 生 労 働 省 子 ど も 家 庭 局
子 育 て 支 援 課 長
厚 生 労 働 省 子 ど も 家 庭 局
家 庭 福 祉 課 長

特定教育・保育施設等における事故の報告等について

　子ども・子育て支援新制度においては、特定教育・保育施設及び特定地域型保育事業者は、特定教育・保育施設及び特定地域型保育事業の運営に関する基準（平成 26 年内閣府令第 39 号）に基づき、放課後児童健全育成事業者は、放課後児童健全育成事業の設備及び運営に関する基準（平成 26 年厚生労働省令第 63 号）に基づき、事故の発生又は再発を防止するための措置及び事故が発生した場合における市町村（特別区を含む。以下同じ。）、家族等に対する連絡等の措置を講ずることとされている。また、今般、児童福祉法施行規則の一部を改正する省令（平成 29 年厚生労働省令123 号。以下「改正省令」という。）が施行されたことに伴い、子育て短期支援事業、一時預かり事業、病児保育事業、子育て援助活動支援事業及び認可外保育施設については、事故の発生及び再発防止に関する努力義務や事故が発生した場合における都道府県への報告義務が課されたところである。

　特定教育・保育施設等において事故が発生した場合の対応について、「教育・保育施設等における重大事故の再発防止策に関する検討会」の中間とりまとめ（別紙参照）、「学校事故対応に関する指針」（平成 28 年 3 月 31 日付け 27 文科初第 1785 号）及び今般の児童福祉法施行規則改正等を踏まえ、平成 29 年 11 月 10 日より下記の取扱いと整理したので、御了知の上、管内市町村及び施設・事業者に対する周知をお願いする。

　なお、本通知は地方自治法（昭和22 年法律第 67 号）第 245 条の４第１項に規定する技術的助言として発出するものであることを申し添える。

また、「特定教育・保育施設等における事故の報告等について」（平成 27 年 2 月 16 日府政共生 96 号、26 初幼教第 30 号、雇児保発 0216 第 1 号）、放課後児童健全育成事業（放課後児童クラブ）における事故の報告等について」（平成 27 年 3 月 27 日雇児育発 0327 第 1 号）、「子育て援助活動支援事業（ファミリー・サポート・センター事業）における事故の報告等について」（平成 27 年 3 月 27 日雇児職発 0327 第 1 号）及び「子育て短期支援事業における事故の報告等について」（平成 27 年 3 月 27 日雇児福発 0327 第 2 号）は本通知の施行に伴い廃止する。

記

１．事故が発生した場合の報告について
　　特定教育・保育施設、幼稚園（特定教育・保育施設でないもの。）、特定地域型保育事業、延長保育事業及び放課後児童健全育成事業（以下「放課後児童クラブ」という。）については、特定教育・保育施設及び特定地域型保育事業の運営に関する基準（平成 26 年内閣府令第 39 号）,学校事故対応に関する指針（平成 28 年 3 月 31 日付け27文科初第1785号）及び放課後児童健全育成事業の設備及び運営に関する基準（平成 26 年厚生労働省令第 63 号）により、事故が発生した場合には速やかに指導監督権限をもつ自治体、子どもの家族等に連絡を行うこと。
　　また、子育て短期支援事業、一時預かり事業、病児保育事業、子育て援助活動支援事業（以下「ファミリー・サポート・センター事業」という。）及び認可外保育施設については、改正省令による改正後の児童福祉法施行規則（昭和23 年厚生省令第 11 号）により、事故が発生した場合には事業に関する指導監督権限を持つ自治体への報告等を行うこと。
　　このうち重大事故については、事故の再発防止のための事後的な検証に資するよう、施設・事業者から報告を求めるとともに、２から７までに定めるところにより、都道府県等を経由して国へ報告を行うこと。

２．重大事故としての報告の対象となる施設・事業の範囲
　　・特定教育・保育施設
　　・幼稚園（特定教育・保育施設でないもの。）
　　・特定地域型保育事業
　　・延長保育事業、放課後児童クラブ、子育て短期支援事業、一時預かり事業,病児保育事業及びファミリー・サポート・センター事業
　　・認可外保育施設

３．報告の対象となる重大事故の範囲
　　・死亡事故
　　・治療に要する期間が 30 日以上の負傷や疾病を伴う重篤な事故等（意識不明（人工呼吸器を付ける、ＩＣＵに入る等）の事故を含み、意識不明の事故についてはその後の経過にかかわらず、事案が生じた時点で報告すること。）

４．報告様式
　　・放課後児童クラブ別紙１のとおり。
　　・子育て短期支援事業　別紙２のとおり。
　　・ファミリー・サポート・センター事業　別紙３のとおり。
　　・上記以外　別紙４のとおり。

５．報告期限（※別紙５参照）
　　国への第１報は原則事故発生当日（遅くとも事故発生翌日）、第２報は原則１か月以内程度とし、状況の変化や必要に応じて、追加の報告を行うこと。また、事故発生の要因分析や検証等の結果については、作成され次第報告すること。

6．報告のルート（※別紙５参照）
　　○特定教育・保育施設、特定地域型保育事業者、延長保育事業、放課後児童
　　　クラブ及びファミリー・サポート・センター事業
　　　　施設又は事業者から市町村へ報告を行い、市町村は都道府県へ報告するこ
　　　　と。また、都道府県は国へ報告を行うこと。
　　○幼稚園（特定教育・保育施設でないものに限る。）
　　　　施設から都道府県へ報告することとし、都道府県は国へ報告を行うこと。
　　○子育て短期支援事業、一時預かり事業、病児保育事業
　　　　市町村からの委託等により事業を実施している事業者については、事業
　　　　者から市町村へ報告を行うこと。市町村（指定都市、児童相談所設置市
　　　　又は中核市を除く。）は都道府県へ報告し、都道府県（指定都市、児童
　　　　相談所設置市又は中核市を含む。）は国へ報告を行うこと。
　　　　上記以外の場合には、事業者から都道府県（指定都市、児童相談所設置
　　　　市又は中核市の区域内に所在する事業者については、当該指定都市、児
　　　　童相談所設置市又は中核市）へ報告し、都道府県（指定都市、児童相談
　　　　所設置市又は中核市を含む。）は国へ報告を行うこと。
　　○認可外保育施設
　　　　施設から都道府県（指定都市、児童相談所設置市又は中核市の区域内に
　　　　所在する施設については、当該指定都市、児童相談所設置市又は中核市）
　　　　へ報告し、都道府県（指定都市、児童相談所設置市又は中核市を含む。）
　　　　は国へ報告を行うこと。また、都道府県はその内容を当該施設の所在地
　　　　の市町村長に通知すること。

7．国の報告先
　（1）6により国へ報告を行うこととされている都道府県（指定都市、児童相談
　　　　所設置市又は中核市を含む。）は、別紙１～４により、各施設・事業の所管
　　　　省庁である内閣府、文部科学省又は厚生労働省へ報告すること。詳細な報告
　　　　先については、以下を参照すること。
　　　①特定教育・保育施設等
　　　　・幼保連携型認定こども園及び企業主導型保育事業については内閣府
　　　　・幼稚園及び幼稚園型認定こども園については文部科学省
　　　　・特定教育・保育施設（認定こども園（幼保連携型・幼稚園型）及び幼稚
　　　　　園を除く。）、特定地域型保育事業及び認可外保育施設（企業主導型保
　　　　　育事業を行う施設を除く。）については厚生労働省
　　　②地域子ども・子育て支援事業
　　　　・幼保連携型認定こども園で実施する場合については内閣府
　　　　・幼稚園型認定こども園、幼稚園で実施する場合については文部科学省
　　　　・それ以外の場合については厚生労働省

　　　　　（幼保連携型認定こども園について）
　　　　　　内閣府 子ども・子育て本部
　　　　　　　ＴＥＬ：０３－５２５３－２１１１（内線３８４４５）
　　　　　　　ＦＡＸ：０３－３５８１－２８０８
　　　　　（企業主導型保育事業について）
　　　　　　内閣府 子ども・子育て本部
　　　　　　　ＴＥＬ：０３－５２５３－２１１１（内線３８３４９）
　　　　　　ＦＡＸ：０３－３５８１－２８０８
　　　　　（幼稚園・幼稚園型認定こども園の教育活動中の事故について）
　　　　　　文部科学省 初等中等教育局 幼児教育課
　　　　　　　ＴＥＬ：０３－５２５３－４１１１（内線３１３６）
　　　　　　　ＦＡＸ：０３－６７３４－３７３６

（幼稚園・幼稚園型認定こども園への通園中や園における製品に関する事故、園の安全管理に関する事故について）
　文部科学省　初等中等教育局　健康教育・食育課
　　　ＴＥＬ：０３－５２５３－４１１１（内線２９１７）
　　　ＦＡＸ：０３－６７３４－３７９４
（特定教育・保育施設（認定こども園（幼保連携型、幼稚園型）、幼稚園を除く。）、地域型保育事業、一時預かり事業（認定こども園（幼保連携型、幼稚園型）又は幼稚園で実施する場合を除く。）、病児保育事業（認定こども園（幼保連携型、幼稚園型）又は幼稚園で実施する場合を除く。）、及び認可外保育施設（企業主導型保育事業を行う施設を除く。）について）
　厚生労働省　子ども家庭局　保育課
　　　ＴＥＬ：０３－５２５３－１１１１（内線７９４７）
　　　ＦＡＸ：０３－３５９５－２６７４
（放課後児童クラブ及びファミリー・サポート・センター事業について）
　厚生労働省　子ども家庭局　子育て支援課
　　　ＴＥＬ：０３－５２５３－１１１１
　　（放課後児童クラブ内線４８４７、ファミリー・サポート・センター事業　内線４９６５）
　　　ＦＡＸ：０３－３５９５－２７４９
（子育て短期支援事業について）
　厚生労働省　子ども家庭局　家庭福祉課母子家庭等自立支援室
　　　ＴＥＬ：０３－５２５３－１１１１（内線４８８７）
　　　ＦＡＸ：０３－３５９５－２６６３

（２）施設又は事業者から報告を受けた市町村又は都道府県は、都道府県又は国への報告とともに、別紙１～４により消費者庁消費者安全課に報告（消費者安全法に基づく通知）を行うこと。

（消費者安全法に基づく事故通知について）
　消費者庁　消費者安全課
　　　ＴＥＬ：０３－３５０７－９２０１
　　　ＦＡＸ：０３－３５０７－９２９０

８．公表等
　都道府県・市町村は、報告のあった事故について、類似事故の再発防止のため、事案に応じて公表を行うとともに、事故が発生した要因や再発防止策等について、管内の施設・事業者等へ情報提供すること。併せて、再発防止策についての好事例は内閣府、文部科学省又は厚生労働省へそれぞれ情報提供すること。なお、公表等に当たっては、保護者の意向や個人情報保護の観点に十分に配慮すること。
　また、６により報告された情報については、全体として内閣府において集約の上、事故の再発防止に資すると認められる情報について、公表するものとする。

【別添】
◎教育・保育施設等における重大事故の再発防止策に関する検討会中間取りまとめ
　について（平成 26 年 11 月 28 日）抜粋

・事故が発生した場合には、省令等に基づき施設・事業者から市町村又は都道府県
に報告することとされており、適切な運用が必要である。
　このうち重大事故については、事故の再発防止のための事後的な検証に資するよ
う、施設・事業者から報告を求めるとともに、都道府県を経由して国へ報告を求め
ることが必要である（なお、事後的な検証の対象範囲については、死亡・意識不明
のケース以外は今後検討が必要）。
　さらに、重大事故以外の事故についても、例えば医療機関を受診した負傷及び疾
病も対象とし、市町村が幅広く事故情報について把握することが望ましいという意
見もある。一方、自治体の限られた事務処理体制の中で、効果的・効率的な事故対
応により質の確保を図るという観点も考慮すべきとの意見もある。これらの意見も
踏まえ、重大事故以外の事故についても、一定の範囲においては自治体に把握され
るべきという考え方を前提として、どこまでの範囲で施設・事業者から報告を求め
るべきかについては、各自治体の実情も踏まえ、適切な運用がなされるべきである。

> 別紙1と別紙4における脚注記述の「赤枠内」
> とあるのは本文で「太線枠内」と、別紙2と別
> 紙3における「水色着色部分」とあるのは本文
> で「グレー着色部分」と読み替えてお読みくだ
> さい。詳しくは内閣府の HP 等で原文をご覧く
> ださい。

放課後児童健全育成事業 事故報告様式(Ver.2) *水色枠内はプルダウンメニューから選択してください **【別紙1】**

事故報告日		報告回数	
自治体名		事業所名	
所 在 地		事業開始年月日	
設置者 (社名・法人名・自治体名等)		事業者	

登録児童数	小学1年生	小学2年生	小学3年生	小学4年生	小学5年生	小学6年生	計	

放課後児童支援員等数		名	うち補助員数		名
うち放課後児童支援員数		名			

クラブの実施場所	□学校の余裕教室・□学校敷地内専用施設・□児童館・□その他(　　　)					
建物その他の設備の規模および構造	専用区画	㎡	1人当たり	㎡	その他	㎡	合計	㎡
	建物の構造:		造		建物の階数:	階建の	階
発生時の体制	児童数	名	放課後児童支援員等数	名	うち放課後児童支援員数	名

事故発生日		事故発生時間帯	
児童の年齢 学年		利用開始年月日	
児童の性別		事故誘因	
事故の転帰		(負傷の場合)負傷状況	
(死亡の場合)死因		(負傷の場合)受傷部位	

病状・死因等 (既往歴)	【診断名】	
	【病状】	
	【既往症】	病院名	

特記事項 (事故と因子関係がある場合に、身長、体重、既往歴・持病・アレルギー、発育・発達状況、発生時の天候等を記載)	
発生場所	
発生時状況	
発生状況 (当日来所時からの健康状況、発生後の処置を含め、可能な限り詳細に記入。第1報においては可能な範囲で記入し、2報以降で修正すること)	
当該事故に特徴的な事項	
発生後の対応 (報道発表を行う(行った)場合にはその予定(実績)を含む)	

※ **第1報は赤枠内について報告してください。第1報は原則事故発生当日(遅くとも事故発生翌日)**、第2報は原則1か月以内
　 程度に行うとともに、状況の変化や必要に応じて追加報告してください。また、事故発生の要因分析や検証等の結果については、でき
　 次第報告してください。

※ **第2報報告に当たっては、記載内容について保護者の了解を得た後**に、各自治体へ報告してください。

※ 記載欄は適宜広げて記載してください。

※ 直近の指導監査の状況報告を添付してください。

※ 発生時の状況図(写真等を含む。)を添付してください。なお、遊具等の器具により発生した場合には、当該器具のメーカー名、製品名、
　 型式、構造等についても記載してください。

放課後児童健全育成事業 事故報告様式【事故再発防止に資する要因分析】

要因	分析項目	記載欄【選択肢の具体的内容を記載】	
ソフト面 （マニュアル、研修、職員配置等）	事故予防マニュアルの有無	（具体的内容記載欄）	
	事故予防に関する研修	実施頻度（　　）回／年	（具体的内容記載欄）
	職員配置	（具体的内容記載欄）	
	その他考えられる要因・分析、特記事項		
	改善策【必須】		
ハード面 （施設、設備等）	施設の安全点検	実施頻度（　　）回／年	（具体的内容記載欄）
	遊具の安全点検	実施頻度（　　）回／年	（具体的内容記載欄）
	玩具の安全点検	実施頻度（　　）回／年	（具体的内容記載欄）
	その他考えられる要因・分析、特記事項		
	改善策【必須】		
環境面 （育成支援の状況等）	育成支援の状況		
	その他考えられる要因・分析、特記事項		
	改善策【必須】		
人的面 （放課後児童支援員等の状況）	対象児の動き	（具体的内容記載欄）	
	担当職員の動き	（具体的内容記載欄）	
	他の職員の動き	（具体的内容記載欄）	
	その他考えられる要因・分析、特記事項		
	改善策【必須】		
その他	その他考えられる要因・分析、特記事項		
	改善策【必須】		
【所管自治体必須記載欄】 事故発生の要因分析に係る自治体コメント ※事業所(者)は記載しないでください。			

《事故報告様式送付先》
●厚生労働省子ども家庭局保育課（子育て支援課）健全育成推進室（FAX：03-3595-2749）

（こちらへも報告してください）
●消費者庁消費者安全課 （FAX：03-3507-9290）

放課後児童健全育成事業 事故報告様式（Ver.2）＊水色枠内はプルダウンメニューから選択してください（記載例）**【別紙1】**

事故報告日					報告回数				
自治体名		○○県 ○○市 (必ず都道府県名を入れてください)			事業所名		○○放課後児童クラブ		
所在地		○○市○○1－1－1			事業開始年月日		平成○○年○月○日		
設置者 (社名・法人名・自治体名等)		○○会			事業者		○○会		
登録児童数		小学1年生	小学2年生	小学3年生	小学4年生	小学5年生	小学6年生	計	
		○○	○○	○○	○○	○○	○○	○○	
放課後児童支援員等数				○○名	うち補助員数			○○名	
うち放課後児童支援員数				○○名					
クラブの実施場所		□学校の余裕教室・□学校敷地内専用施設・□児童館・□その他（　　　　　　）							
建物その他の設備 の規模および構造		専用区画	○○㎡	1人当たり	○○㎡	その他	○○㎡	合計	○○㎡
		建物の構造：鉄筋コンクリート造				建物の階数：	3階建の	1階	
発生時の体制		児童数	30名	放課後児童支援員等数		○名	うち放課後児童支援員数		○名
事故発生日					事故発生時間帯				
児童の年齢	学年				利用開始年月日				
児童の性別					事故誘因				
事故の転帰					(負傷の場合)負傷状況				
(死亡の場合)死因					(負傷の場合)受傷部位				
病状・死因等 （既往歴）		【診断名】	後頭部打撲傷						
		【病状】	－						
		【既往症】	特になし		病院名	○○病院			
特記事項 (事故と因子関係がある場合に、身長・体重、既往歴・持病・アレルギー、発育・発達状況、発生時の天候等を記載)		※事故と因子関係がある場合の、当該児童の教育・保育において留意が必要な事項（気管切開による吸引等の医療行為、経過観察中の疾病名等）についても、この特記事項へ記載してください							
発生場所									
発生時状況 (当日来所時からの健康状況、発生後の処置を含め、可能な限り詳細に記入。第1報においては可能な範囲で記入し、2報以降で修正すること		(記載例) 7:30 授業終了後、学校から徒歩にて来所（健康状態等に普段と変わった点は無し） 14:45 クラブ室内で他の児童とともに宿題に取り組む 15:30 おやつ 16:00 建物外園庭にて、集団遊び（鬼ごっこ、ドッチボール等） 16:30 各々好きな遊びを開始（当該児童は初め砂場で遊んでいた）※支援員1人が全体の見守りを実施 16:35 他の児童2人と一緒に滑り台で遊んでいたところ、滑り台階段最上段（地上○○m）より転落（目撃児童による証言）※支援員は周りの児童の叫び声を聞き、児童が地面に横たわっているところを発見。救急車を呼びながら、児童の意識等を確認（児童の反応無し） 16:45 保護者へ連絡救急車到着。支援員○○が同乗し、○○市○○病院へ搬送							
当該事故に 特徴的な事項		(記載例) 普段は全ての子どもが外遊びをするため、全ての放課後児童支援員が全体の見守りを実施しているが、この日は体調不良により、外遊びに参加しない子どもがいたため、見守りの体制が通常時に比べて手薄となった。							
発生後の対応 (報道発表を行う(行った)場合にはその予定(実績)を含む)		(記載例) ・当日17時すぎ 警察による事情聴取 ・翌日11時～市が事故報告の記者会見実施予定（別紙公表資料参照） ・翌日17時～クラブにおいて保護者へ説明会を実施予定							

※ 第1報は赤枠内について報告してください。第1報は原則事故発生当日（遅くとも事故発生翌日）、第2報は原則1か月以内程度に行うとともに、状況の変化や必要に応じて追加報告してください。また、事故発生の要因分析や検証等の結果については、でき次第報告してください。
※ 第2報報告に当たっては、記載内容について保護者の了解を得た後に、各自治体へ報告してください。
※ 記載欄は適宜広げて記載してください。
※ 直近の指導監査の状況報告を添付してください。
※ 発生時の状況図（写真等を含む。）を添付してください。なお、遊具等の器具により発生した場合には、当該器具のメーカー名、製品名、型式、構造等についても記載してください。

放課後児童健全育成事業 事故報告様式【事故再発防止に資する要因分析】(記載例)

要因	分析項目	記載欄【選択肢の具体的内容を記載】	
ソフト面 (マニュアル、研修、職員配置等)	事故予防マニュアルの有無	(具体的内容記載欄) マニュアルや指針の名称を記載してください	
	事故予防に関する研修	実施頻度(　　)回/年	(具体的内容記載欄) ※実施している場合は、研修内容・対象者・講師等も簡単に記載してください
	職員配置	(具体的内容記載欄) 事故発生時ではなく、事故発生当日の支援体制としての配置人数について記載してください	
	その他考えられる要因・分析、特記事項	当該事故に関連する要因や特記がある場合、必ず記入してください	
	改善策【必須】	要因分析の項目を記載した場合は必ず記載すること。改善点がない場合もその理由を記載してください	
ハード面 (施設、設備等)	施設の安全点検	実施頻度(　　)回/年	(具体的内容記載欄) ※具体的方法等を記載してください。
	遊具の安全点検	実施頻度(　　)回/年	(具体的内容記載欄) ※具体的方法等を記載してください。また、遊具等の器具により事故が発生した場合には、当該器具のメーカー名、製品名、型式、構造等についても記載してください。
	玩具の安全点検	実施頻度(　　)回/年	(具体的内容記載欄) ※具体的方法等を記載してください。また、玩具等の器具により事故が発生した場合には、当該器具のメーカー名、製品名、型式、構造等についても記載してください。
	その他考えられる要因・分析、特記事項	分析も含めた特記事項等、当該事故に関連することを記入してください。	
	改善策【必須】	要因分析の項目を記載した場合は必ず記載すること。改善点がない場合はその理由を記載してください	
環境面 (育成支援の状況等)	育成支援の状況	雨上がり直後の外遊びで遊具が濡れており、各々好きな遊びをして支援員が見守っていた等、具体的な育成支援の状況を記載してください	
	その他考えられる要因・分析、特記事項	分析も含めた特記事項等、当該事故に関連することを記入してください。	
	改善策【必須】	要因分析の項目を記載した場合は必ず記載すること。改善点がない場合はその理由を記載してください	
人的面 (放課後児童支援員等の状況)	対象児の動き	(具体的内容記載欄) なぜそのような行動をとったのかを明らかにするため、具体的な記載をしてください(例;朝、母親より風邪気味と申し送りあり、いつもは外遊びをするが室内で遊んでいた等)	
	担当職員の動き	(具体的内容記載欄) なぜそのような対応をしたのかを明らかにするため、具体的な記載をしてください(例;雲梯の反対側で対象児ともう一人の児童を見ていたが、対象児が落下する瞬間に手を差し伸べた間に合わなかった等)	
	他の職員の動き	(具体的内容記載欄) なぜそのような対応をしたのかを明らかにするため、具体的な記載をしてください(例;他児のトラブルに対応していたため見ていなかった等)	
	その他考えられる要因・分析、特記事項	分析も含めた特記事項等、当該事故に関連することを記入してください。	
	改善策【必須】	要因分析の項目を記載した場合は必ず記載すること。改善点がない場合はその理由を記載してください	
その他	その他考えられる要因・分析、特記事項	分析も含めた特記事項等、当該事故に関連することを記入してください。	
	改善策【必須】	要因分析の項目を記載した場合は必ず記載すること。改善点がない場合はその理由を記載してください	
【所管自治体必須記載欄】 事故発生の要因分析に係る自治体コメント ※事業所(者)は記載しないでください。		自治体の立ち入り検査や第三者評価の結果、勧告や改善命令などの履歴があるかどうか、その結果や改善勧告への対応、今後の研修計画等あればその内容等、所管自治体として把握していること、取り組んでいることも含めて記載してください	

《事故報告様式送付先》
●厚生労働省子ども家庭局保育課(子育て支援課)健全育成推進室　(FAX:03-3595-2749)
(こちらへも報告してください)
●消費者庁消費者安全課　(FAX:03-3507-9290)

プルダウンメニュー別表 （水色のセルには以下の選択肢から選んだものを記載してください）

項目	以下の中から選択してください
事故発生時期	1月～12月
事故発生時間帯	1. 朝（～午前10時頃）　2. 午前中　3. 昼食時　4. おやつ時 5. 午後　　6. 夕方(16時頃～)　　　　7. 夜間(19時頃～)
子どもの年齢	1. 6歳　2. 7歳　　3. 8歳　　4. 9歳　　5. 10歳　　6. 11歳　7. 12歳　　8. その他
クラス（学年）	1. 1年生　　2. 2年生　　　3. 3年生　　4. 4年生　　　5. 5年生 6. 6年生　7. その他
子どもの性別	1. 男児　2. 女児
事故の転帰	1. 負傷　2. 死亡
死因	0. 負傷　　1. 窒息　　　2. 病死　　　3. 溺死　　　4. アナフィラキシーショック　　　5. その他
事故誘因	0. 死亡　　1. 遊具等からの転落・落下　　　　　　2. 自らの転倒・衝突によるもの 3. 子ども同士の衝突によるもの　4. 玩具・遊具等施設・設備の安全上の不備によるもの 5. 他児から危害を加えられたもの　6. アナフィラキシーによるもの　7. 溺水によるもの　8. その他
負傷状況	0. 死亡　1. 意識不明　2. 骨折　3. 火傷　4. 創傷(切創・裂創等)　5. 口腔内受傷　6. その他
受傷部位	0. 死亡　　1. 頭部　　　2. 顔面(口腔内含む)　3. 体幹(首・胸部・腹部・臀部) 4. 上肢(腕・手・手指)　　　5. 下肢(足・足指)
発生場所	1. 施設敷地内(室内)　2. 施設敷地内(室外・園庭・校庭等)　　3. 施設敷地外(公園等)
発生時状況	1. 屋外活動中　2. 室内活動中　3. 食事中(おやつ含む)　4. 水遊び・プール活動中 5. 来所・帰宅中　6. その他
事故予防マニュアルの有無	1. あり　　2. なし
事故予防に関する研修	1. 定期的に実施　　　2. 不定期に実施　　3. 未実施
職員配置	1. 基準以上配置　　2. 基準配置　　　3. 基準以下
施設の安全点検	1. 定期的に実施　　2. 不定期に実施　　　3. 未実施
遊具の安全点検	1. 定期的に実施　　2. 不定期に実施　　　3. 未実施
玩具の安全点検	1. 定期的に実施　　2. 不定期に実施　　　3. 未実施
育成支援の状況	1. 集団活動中・見守りあり　　　　2. 集団活動中・子どもたちのみ　　3. 個人活動中・見守りあり 4. 個人活動中・子どものみ　　　5. 食事(おやつ)中　　6. その他
対象児の動き	1. いつもどおりの様子であった　2. いつもより元気がなかった(その理由：記載) 3. いつもより活発・活動的であった(その理由：記載)　4. 具合が悪かった(熱発・腹痛等理由を記載)
担当職員の動き	1. 対象児とマンツーマンの状態(対象児に接していた) 2. 対象児の至近で対象児を見ていた 3. 対象児から離れたところで対象児を見ていた 4. 対象児の動きを見ていなかった
他の職員の動き	1. 担当者・対象児の動きを見ていた(至近距離にいた) 2. 担当者・対象児の動きを見ていなかった

子育て短期支援事業　事故報告様式　　　　　　　　　【別紙2】

平成　　年　　月　　日／第　報

実施自治体名		事業種別	ショートステイ・トワイライトステイ
事故が発生した事業種別		直営・委託の別	
実施施設名		実施施設の所在地	
設置主体		運営主体	
開設(認可)年月日		代表者名	
実施施設職員	名	うちショートステイ 従事者	保育士　　　　名 児童指導員　　名
うちトワイライトス テイ従事者	保育士　　　　名 児童指導員　　名	里親等への再委託 の有無	有　・　無
事故対応マニュアル の状況	有　・　無	事故予防に関する研 修の直近の実施日	
事故発生日時			時　　分頃
子どもの年齢・ 性別	歳　か月　　　児	事業利用開始年月 日～事業利用終了 (予定)年月日	平成　　年　　月　　日 ～平成　　年　　月　　日
病状・死因等 （既往症）	既往症：	病院名	
発生時の体制	児童　　　名	事業従事者 ※里親等へ再委託している場 合は、里親等。	児童指導員　　名
発生場所			
発見時の子どもの様子			
発生状況	時　間	内　　容	
（当日の健康状況、発生後 の処置を含め、可能な限り 詳細に記入。なお、第1報 においては、可能な範囲で 記入。）			
当該事故に 特徴的な事項			
発生後の対応 （報道発表を行う(行った) 場合にはその予定(実績) を含む。）			

※1　第1報は水色着色部分について報告してください。
※2　第1報は原則事故発生当日（遅くとも事故発生翌日）、第2報は原則1か月以内程度に行う
　　　とともに、状況の変化や必要に応じて追加報告してください。また、事故発生の要因分析や検証等
　　　の結果については、でき次第報告してください。
※3　発生状況欄は適宜広げて記載してください。
※4　直近の指導監査の状況報告を添付してください。
※5　発生時の状況図（写真等を含む。）を添付してください。なお、遊具等の器具により発生し
　　　た場合には、当該器具のメーカー名、製品名、型式、構造等についても記載してください。

108　　資料

事故の概要

※ 個人情報に配慮の上、事故の背景が見えるように概要を記載してください。

事故発生の要因分析

要因	分析	再発防止のための改善策
ソフト面 （マニュアル、研修、職員配置等）		
ハード面 （施設、設備等）		
環境面 （預かり時の状況等）		
人的面 （担当職員の状況）		
その他		

事故発生の要因分析に係る自治体コメント

※国に報告をする際に、施設・事業者の要因分析に加え、必要な事項等があれば記載してください。

事故報告様式送付先：厚生労働省子ども家庭局家庭福祉課母子家庭等自立支援室
　　　　　　　　　（FAX：03－3595－2663）
　　　　　　　　　消費者庁消費者安全課
　　　　　　　　　（FAX：03－3507－9290）

子育て短期支援事業　事故報告様式（記載例）

【別紙2】

平成〇〇年〇月〇日／第〇報

実施自治体名	〇〇県〇〇市	事業種別	ショートステイ・トワイライトステイ
事故が発生した事業種別	ショートステイ	直営・委託の別	委託
実施施設名	〇〇園	実施施設の所在地	
設置主体	〇〇法人〇〇会	運営主体	〇〇法人〇〇会
開設(認可)年月日	昭和〇〇年〇月〇日	代表者名	〇〇　〇〇
実施施設職員	〇〇名	うちショートステイ従事者	保育士　〇〇名　　児童指導員　〇〇名
うちトワイライトステイ従事者	保育士　〇〇名　　児童指導員　〇〇名	里親等への再委託の有無	有　・　無
事故対応マニュアルの状況	有　・　無	事故予防に関する研修の直近の実施日	実施していない。
事故発生日時	平成〇〇年〇月〇日	15時　30分頃	
子どもの年齢・性別	〇歳　か月　児	事業利用開始年月日～事業利用終了(予定)年月日	平成〇〇年〇月〇日～平成〇〇年〇月〇日
病状・死因等（既往症）	〇〇骨折　　既往症：なし	病院名	〇〇病院
発生時の体制	児童　　〇名	事業従事者　※里親等へ再委託している場合は、里親等。	児童指導員　〇名
発生場所	〇〇公園		
発見時の子どもの様子	公園の道具で遊んでいる際に道具（うんてい）から落下。手を強打した。		

発生状況	時　間	内　　容
（当日の健康状況、発生後の処置を含め、可能な限り詳細に記入。なお、第1報においては、可能な範囲で記入。）	10:30　11:00	実施施設において預かりを開始　子どもが外に出たいというので近所の公園に連れて行く。
	11:15	児童指導員が少し目を離した際に、遊具（うんてい）の上に登り落下。地面に手をついた際、痛みを訴える。
	11:30	実施施設長に報告するとともに、子どもを病院に連れて行き、レントゲン検査を受けさせたところ、手首を骨折していた。全治〇ヶ月。
	11:45	医師より帰宅しても問題はない旨の説明があり、そのまま施設での預かりを再開する。

当該事故に特徴的な事項	
発生後の対応（報道発表を行う(行った)場合にはその予定(実績)を含む。）	・翌日11時～市が事故報告の記者会見実施予定（別紙公表資料参照）・翌日17時～市町村において保護者への説明会を実施予定

※1　第1報は水色着色部分について報告してください。
※2　第1報は原則事故発生当日（遅くとも事故発生翌日）、第2報は原則1か月以内程度に行うとともに、状況の変化や必要に応じて追加報告してください。また、事故発生の要因分析や検証等の結果については、でき次第報告してください。
※3　発生状況欄は適宜広げて記載してください。
※4　直近の指導監査の状況報告を添付してください。
※5　発生時の状況図（写真等を含む。）を添付してください。なお、遊具等の器具により発生した場合には、当該器具のメーカー名、製品名、型式、構造等についても記載してください。

事故の概要
10:30　実施施設において預かりを開始
11:00　子どもが外に出たいというので近所の公園に連れて行く
11:15　児童指導員が少し目を離していた際に、遊具(うんてい)の上に上り落下。地面に手をついた際、痛みを訴える。
11:30　実施施設長に報告するとともに、子どもを病院に連れて行き、レントゲン検査を受けさせたところ、手首骨折していた。全治○か月。
11:45　医師より帰宅しても問題はない旨の説明があり、そのまま施設での預かりを再開する。
○年○月○日　完治。

※　個人情報に配慮の上、事故の背景が見えるように概要を記載してください。

事故発生の要因分析

要因	分析	再発防止のための改善策
ソフト面 (マニュアル、研修、職員配置等)	・事故防止マニュアルの整備ができていなかった。	・事故防止マニュアルを整備し、実施施設の職員に研修を実施し周知を行う。
ハード面 (施設、設備等)	・事故発生時は公園に行っていた。	・やむを得ず実施施設内以外の場所で子どもを預かる場合、十分注意するよう施設内研修で実施施設の職員に再度周知した。
環境面 (預かり時の状況等)	・子どもが負傷した際、児童指導員が目を離してしまっていた上、子どもが誤った使用方法で遊具を使い、事故が発生した。	・実施施設の職員に対し、子どもから目を離さないよう伝えるとともに、施設内研修において、遊具等の正しい利用について注意喚起を行った。
人的面 (担当職員の状況)	・実施施設の職員は、これまでも、他の児童を預かった際には、公園で時々遊ばせることがあり、慣れていた。	・慣れていたとしても、突発的に子どもが予測できない行動を取ることがあるため、実施施設の職員に注意喚起を行った。
その他	・事故が起こった後に、事実関係の記録が行われていなかった。	・事故が起きた場合には、記憶が鮮明なうちにその経過を早期に把握し、特定の記録者が管理、時系列でわかるように整理する。

事故発生の要因分析に係る自治体コメント

身近な事故に対する防止マニュアルを整備してこなかったことから、今回の事件を受けて、事故防止マニュアルの作成をし、市内の子育て短期支援事業実施施設に配布する。

※国に報告をする際に、施設・事業者の要因分析に加え、必要な事項等があれば記載してください。
事故報告様式送付先:厚生労働省子ども家庭局家庭福祉課母子家庭等自立支援室
　　　　　　　　　　(FAX:03-3595-2663)
　　　　　　　　　消費者庁消費者安全課
　　　　　　　　　　(FAX:03-3507-9290)

子育て援助活動支援事業（ファミリー・サポート・センター事業）事故報告様式　　【別紙3】

平成　年　月　日／第　報

自治体名		運営方法 （委託又は補助の場合は 運営団体名）	直営・委託・補助 運営団体名：	
所在地		開設年月日		年　　月　　日
設置者		代表者名		
電話連絡先		FAX連絡先		
会員数	依頼会員　　　名	提供会員　　　名	両方会員　　　名	
事故対応 マニュアルの状況	有・無	安全・事故に関する研修の直 近の実施日	平成　　年　　月　　日	
事故発生日時		平成　　年　　月　　日　　時　　分頃		
子どもの年齢・性別		歳　ヶ月　児		
ファミリー・サポート・センター 利用開始年月日		平成　　年　　月　　日		
依頼内容				
病状・死因等 （既往症）	既往症：	病院名		
発生場所				
発見時の 子どもの様子				
発生状況 （当日の健康状況、発 生後の処置を含め、可 能な限り詳細に記入。 なお、第1報におい は、可能な範囲で記 入。）	時　間	内　　容		
当該事故に 特徴的な事項				
発生後の対応 （報道発表を行う （行った）場合には その予定（実績）を 含む。）				

※1　第1報は水色着色部分について報告してください。
※2　第1報は原則事故発生当日（遅くとも事故発生翌日）、第2報は原則1か月以内程度に行うとともに、状況の変化や必要に
　　応じて追加報告してください。また、事故発生の要因分析や検証等の結果については、でき次第報告してください。
※3　発生状況欄は適宜広げて記載してください。
※4　発生時の状況図（写真等を含む。）を添付してください。なお、遊具等の器具により発生した場合には、
　　当該器具のメーカー名、製品名、型式、構造等についても記載してください。

事故の概要

※ 個人情報に配慮の上、事故の背景が見えるように概要を記載してください。

事故発生の要因分析

要因	分析	再発防止のための改善策
ソフト面 （マニュアル、研修等）		
ハード面 （預かり場所等）		
環境面 （活動時の状況等）		
人的面 （活動時の状況 （提供会員の状況）		
その他		

事故発生の要因分析に係る自治体コメント

※国に報告をする際に、事業者の要因分析に加え、必要な事項等があれば記載してください。

事故報告様式送付先：厚生労働省子ども家庭局保育課（子育て支援課）子育て援助活動支援係
　　　　　　　　　（FAX：03－3595－2749）
　　　　　　消費者庁消費者安全課
　　　　　　　　　（FAX：03－3507－9290）

子育て援助活動支援事業（ファミリー・サポート・センター事業事故報告様式（記載例）　　【別紙3】

自治体名	〇〇県〇〇市	運営方法 （委託又は補助の場合は 運営団体名）	直営 ・ 委託 ・ 補助 運営団体名：〇〇社会福祉協議会
所在地	〇〇市〇〇1-1-1	開設年月日	平成〇〇年〇〇月〇〇日
設置者	〇〇市 〇〇社会福祉協議等	代表者名	〇〇市長　〇〇　〇〇 〇〇代表　〇〇　〇〇
電話連絡先	〇〇-〇〇〇〇-〇〇〇〇	FAX連絡先	〇〇-〇〇〇〇-〇〇〇〇
会員数	依頼会員：〇〇名	提供会員：〇〇名	両方会員：〇〇名
事故対応 マニュアルの状況	有　無	安全・事故に関する研修の 直近の実施日	平成〇〇年〇〇月〇〇日

事故発生日時	平成〇〇年〇〇月〇〇日　〇〇時〇〇分頃
子どもの年齢・性別	1歳5ヶ月　男児
ファミリー・サポート・センター 利用開始年月日	平成〇〇年〇〇月〇〇日
依頼内容	買い物の際の子どもの預かり

病状・死因等 （既往症）	〇〇骨折		
	既往症：なし	病院名	〇〇病院
発生場所	〇〇公園		
発見時の 子どもの様子	公園の遊具で遊んでいる際に遊具（うんてい）から落下。手を強打した。		

発生状況	時間	内　　容
（当日の健康状 況、発生後の処置 を含め、可能な限 り詳細に記入。な お、第1報におい ては、可能な範囲で 記入。）	10:30	提供会員宅にて援助活動開始
	11:00	子どもが外に出たいというので近所の公園に連れて行く。
	11:15	提供会員が少し目を離していた際に、遊具（うんてい）の上に登り落下。地面 に手をついた際、痛みを訴える。
	11:30	依頼会員及びアドバイザーに連絡するとともに、子どもを病院へ連れて行き、 レントゲン検査を受けさせたところ、手首を骨折していた。全治〇ヶ月。
	11:45	提供会員より連絡を受けた依頼会員、アドバイザーが病院へ到着。
	12:00	提供会員から説明を受けた後、医師より帰宅しても問題はない旨説明があり、 依頼会員と帰宅。
	〇年〇月〇日	完治

当該事故に 特徴的な事項	普段は提供会員宅で子どもの面倒を見ているが、この日は子どもが外に出たいと言ったた め、近所の公園に連れて行った。提供会員が目を離した際に、子どもが遊具（うんてい）を 誤った使用方法で使い、事故が発生した。
発生後の対応 （報道発表を行う （行った）場合には その予定（実績）を 含む。）	・センターの対応 〇／〇 提供会員からの連絡を受け、児童の保護者と面談し、説明。 〇／〇 センターにおいて、提供会員に対し、安全・事故等に関する研修を実施。 ・市の対応 〇／〇 記者クラブへ概要を説明。

※1　第1報は水色着色部分について報告してください。
※2　第1報は原則事故発生当日（遅くとも事故発生翌日）、第2報は原則1か月以内程度に行うとともに、状況の変化に
　　応じて追加報告してください。また、事故発生の要因分析や検証等の結果については、でき次第報告してください。
※3　発生状況欄は適宜広げて記載してください。
※4　発生時の状況図（写真等を含む。）を添付してください。なお、遊具等の器具により発生した場合には、
　　当該器具のメーカー名、製品名、型式、構造等についても記載してください。

事故の概要

○月○日	
11:00	子どもが外に出たいというので近所の公園に連れて行く。
11:15	提供会員が少し目を離していた際に、遊具（うんてい）の上に登り落下。地面に手をついた際、痛みを訴える。
11:30	依頼会員及びアドバイザーに連絡するとともに、子どもを病院に連れて行き、レントゲン検査を受けさせたところ、手首を骨折していた。全治○ヶ月。
11:45	提供会員より連絡を受けた依頼会員、アドバイザーが病院に到着。
12:00	提供会員から説明を受けた後、医師より帰宅しても問題はない旨説明があり、依頼会員と帰宅。
○月○日：	提供会員がセンターに報告書を提出。
○月○日：	センターにおいて、提供会員に対して安全・事故等に関するフォローアップ研修を実施。
○月○日：	完治

※ 個人情報に配慮の上、事故の背景が見えるように概要を記載してください。

事故発生の要因分析

要因	分析	再発防止のための改善策
ソフト面（マニュアル、研修等）	・事故防止マニュアルの整備ができていなかった。	・事故防止マニュアルを整備し、提供会員に対し研修を実施し周知した。
ハード面（預かり場所等）	・通常、提供会員宅で子どもを預かるところ、事故発生時は公園に行っていた。	・やむを得ず提供会員宅以外の場所で子どもを預かる場合、十分注意するようフォローアップ研修で提供会員に再度周知した。
環境面（活動時の状況等）	・子どもが負傷した際、提供会員が目を離してしまっていた上、子どもが誤った使用方法で遊具を使い、事故が発生した。	・提供会員に活動中子どもから目を離さないよう伝えるとともに、フォローアップ研修において、遊具等の正しい利用について注意喚起を行った。
人的面（活動時の状況（提供会員の状況））	・提供会員は公園で時々遊ばせることについての依頼を何度も受けており、今回も問題なくこなせると考えていた。	・何度もこなして慣れている依頼内容でも、突発的に子どもが予測できない行動を取ることがあるため、提供会員に注意喚起を行った。
その他	今回の事例については、提供会員は適切に事実関係の報告等を行っていた。	今後も事故等が発生した際には、事実関係の報告等を適切に行うよう、提供会員に注意喚起を行った。

事故発生の要因分析に係る自治体コメント

身近な事故に対する防止マニュアルを整備していなかったことから、今回の事故を受けて、事故防止マニュアルを作成し、提供会員に配布した。

※国に報告をする際に、事業者の要因分析に加え、必要な事項等があれば記載してください。

事故報告様式送付先：厚生労働省子ども家庭局保育課（子育て支援課）子育て援助活動支援係
　　　　　（FAX：03－3595－2749）
　　　消費者庁消費者安全課
　　　　　（FAX：03－3507－9290）

教育・保育施設等　事故報告様式(Ver.2)　*水色枠内はブルダウンメニューから選択してください　【別紙4】

事故報告日					報告回数		
認可・認可外					施設・事業種別		
自治体名					施 設 名		
所 在 地					開設(認可)年月日		
設置者 (社名・法人名・自治体名等)					代表者名		

在籍子ども数	0歳	1歳	2歳	3歳	4歳	5歳以上	学童	合計

教育・保育従事者数	名	うち保育教諭・幼稚園教諭・保育士	名
うち常勤教育・保育従事者	名	うち常勤保育教諭・幼稚園教諭・保育士	名

保育室等の面積	乳児室	㎡	ほふく室	㎡	保育室	㎡	遊戯室	㎡
		㎡		㎡		㎡		㎡

発生時の体制		名	教育・保育従事者	名	うち保育教諭・幼稚園教諭 保育士		名
	異年齢構成 の場合の 内訳	0歳	名	1歳	名	2歳	名	3歳	名
		4歳	名	5歳以上	名	学童	名		

事故発生日		事故発生時間帯	
子どもの年齢（月齢）	所属クラス	入園・入所年月日	
子どもの性別		事故誘因	
事故の転帰		(負傷の場合)負傷状況	
(死亡の場合)死因		(負傷の場合)受傷部位	

病状・死因等 （既往歴）	【診断名】		
	【病状】		
	【既往症】	病院名	

特記事項 (事故と因子関係がある場合に、身長、体重、既往症、持病・アレルギー、発育・発達状況、発生時の天候等を記載)	
発生場所	
発生時状況	
発生状況 (当日当園時からの健康状況、発生後の処置を含め、可能な限り詳細に記入、第1報においては可能な範囲で記入し、2報以降で修正すること)	
当該事故に特徴的な事項	
発生後の対応 (報道発表を行う(行った)場合にはその予定(実績)を含む)	

※ 第1報は赤枠内について報告してください。第1報は原則事故発生当日（遅くとも事故発生翌日）、第2報は原則1か月以内程度に行うとともに状況の変化や必要に応じて追加報告してください。また、事故発生の要因分析や検証等の結果については、でき次第報告してください。
※ 第2報報告に当たっては、記載内容について保護者の了解を得た後に、各自治体へ報告してください。
※ 記載欄は適宜広げて記載してください。
※ 直近の指導監査の状況報告を添付してください。
※ 発生時の状況図（写真等を含む。）を添付してください。なお、遊具等の器具により発生した場合には、当該器具のメーカー名、製品名、型式、構造等についても記載してください。

教育・保育施設等　事故報告様式【事故再発防止に資する要因分析】

要因	分析項目		記載欄【選択肢の具体的内容を記載】	
ソフト面 （マニュアル、研修、配置等）	事故予防マニュアルの有無		（具体的内容記載欄）	
	事故予防に関する研修	実施頻度（　）回/年		（具体的内容記載欄）
	職員配置		（具体的内容記載欄）	
	その他考えられる要因・分析、特記事項			
	改善策【必須】			
ハード面 （施設、設備等）	施設の安全点検	実施頻度（　）回/年		（具体的内容記載欄）
	遊具の安全点検			（具体的内容記載欄）
	玩具の安全点検	実施頻度（　）回/年		（具体的内容記載欄）
	その他考えられる要因・分析、特記事項			
	改善策【必須】			
環境面 （教育・保育の状況等）	教育・保育の状況			
	その他考えられる要因・分析、特記事項			
	改善策【必須】			
人的面 （担当保育教諭・幼稚園教諭・保育士、保育従事者、職員の状況）	対象児の動き		（具体的内容記載欄）	
	担当職員の動き		（具体的内容記載欄）	
	他の職員の動き		（具体的内容記載欄）	
	その他考えられる要因・分析、特記事項			
	改善策【必須】			
その他	その他考えられる要因・分析、特記事項			
	改善策【必須】			
【所管自治体必須記載欄】 事故発生の要因分析に係る自治体コメント ※事業所(者)は記載しないでください。				

《事故報告様式送付先》
- ●幼保連携型認定こども園及び企業主導型保育事業について
- ・内閣府　子ども・子育て本部　（FAX：03-3581-2808）
- ●幼稚園及び幼稚園型認定こども園の教育活動中の事故について
- ・文部科学省　初等中等教育局　幼児教育課（FAX：03-6734-3736）
- ●幼稚園及び幼稚園型認定こども園への通園中や園における製品に関する事故、園の安全管理に関する事故について
- ・文部科学省　初等中等教育局　健康教育・食育課（FAX：03-6734-3794）
- ●認可保育所、保育所型認定こども園、地方裁量型認定こども園、地域型保育事業、一時預かり事業（認定こども園（幼保連携型、幼稚園型）、幼稚園で実施する場合以外のもの）、病児保育事業（認定こども園（幼保連携型、幼稚園型）、幼稚園で実施する場合以外のもの）、その他の認可外保育施設、認可外の居宅訪問型保育事業について
- ・厚生労働省子ども家庭局保育課（FAX：03-3595-2674）
- ●こちらへも報告してください
- ・消費者庁消費者安全課　（FAX：03-3507-9290）

教育・保育施設等　事故報告様式(Ver.2)　*水色枠内はプルダウンメニューから選択してください　【別紙4】

事故報告日					報告回数			
認可・認可外					施設・事業種別			
自治体名	○○県○○市 (必ず都道府県名を入れてください)				施設名	○○○○○認定こども園		
所在地	○○市○○1－1－1				開設(認可)年月日	昭和○○年○月○日		
設置者 (社名・法人名・自治体名等)	○○法人○○会				代表者名	○○　○○		

在籍子ども数	0歳	1歳	2歳	3歳	4歳	5歳以上	学童	合計
	○○	○○	○○	○○	○○	○○	○○	○○

教育・保育従事者数		名	うち保育教諭・幼稚園教諭・保育士			名
うち常勤教育・保育従事者		名	うち常勤保育教諭・幼稚園教諭・保育士			名

保育室等の面積	乳児室	㎡	ほふく室	㎡	保育室	㎡	遊戯室	㎡
		㎡		㎡		㎡		㎡

発生時の体制			名	教育・保育従事者	名	うち保育教諭・幼稚園教諭・保育士		名
異年齢構成の 場合の内訳	0歳	名	1歳	名	2歳	名	3歳	名
	4歳	名	5歳以上	名	学童	名		

事故発生日		事故発生時間帯	
子どもの年齢(月齢)　所属クラス		入園・入所年月日	
子どもの性別		事故誘因	
事故の転帰		(負傷の場合)負傷状況	
(死亡の場合)死因		(負傷の場合)受傷部位	

病状・死因等 (既往歴)	【診断名】	SIDSについては確定診断が出された時のみ記載すること
	【病状】	SIDS疑いの場合は病状として記載してください
	【既往症】	病院名

特記事項 (事故と因子関係がある場合に、身長、体重、既往症、持病・アレルギー、発育・発達状況、事故時の天候等を記載)	※事故と因子関係がある場合の、当該児童の教育・保育において留意が必要な事項(気管切開 による吸引等の医療行為、経過観察中の疾病名等)についても、この特記事項へ記載してください
発生場所	
発生時状況	

発生状況 (当日当園時からの健康状況、発生後の処置を含め、可能な限り詳細に記入、第1報においては可能な範囲で記入し、2報以降で修正すること)	(記載例) 15：20　本児はケーキ(縦2cm、横2cm、厚さ2cm)をほおばりながら食べるという食べ方をしていた。2つ目に手を伸ばし、食べていた。この時、担任保育士は少し離れた場所で他児の世話をしていた。ケーキを食べた本児が急に声を出した泣き出した。保育士が口内に指を入れて、かき出していたが本児の唇が青くなったことに気がついた。 15：25　看護師を部屋に呼んだ後、救急車を要請。口に手を入れ開かせた。背中を強く叩いたが、何も出てこない。泣き声が次第にかすれ声になり、体が硬直してきた。看護師が到着した頃に、チアノーゼの症状が見られた。呼吸困難で、手は脱力した状態であると確認した。看護師が脈をとるとかなり微弱で、瞳孔が拡大している。本児がぐったりとし、顔等が冷たいのを確認。心臓を確認すると、止まっている様に感じ、心臓マッサージを行う。 15：33　救急隊が到着し、心肺蘇生等を実施し、病院へ搬送。 15：45　病院到着。意識不明であり、入院。 ○月○日　意識が回復しないまま死亡。
当該事故に 特徴的な事項	(記載例) 普段は0歳児クラスで保育していたが、この日は1歳児クラスと合同で保育していた。
発生後の対応 (報道発表を行う(行った)場合にはその予定(実績)を含む)	(記載例) ・園の対応：　○/○　保育園において児童の保護者と面談 　　　　　　　　○/○　保育園で保護者説明会 　　　　　　　　○/○　理事会で園長が説明 ・市の対応：　○/○　記者クラブへ概要を説明

※　第1報は赤枠内について報告してください。第1報は原則事故発生当日(遅くとも事故発生翌日)、第2報は原則1か月以内程度に行うとともに状況の変化や必要に応じて追加報告してください。また、事故発生の要因分析や検証等の結果については、でき次第報告してください。
※　第2報報告に当たっては、記載内容について保護者の了解を得た後に、各自治体へ報告してください。
※　記載欄は適宜広げて記載してください。
※　直近の指導監査の状況報告を添付してください。
※　発生時の状況図(写真等を含む。)を添付してください。なお、遊具等の器具により発生した場合には、当該器具のメーカー名、製品名、型式、構造等についても記載してください。

教育・保育施設等　事故報告様式【事故再発防止に資する要因分析】(記載例)

要因	分析項目		記載欄【選択肢の具体的内容を記載】	
ソフト面 (マニュアル、研修、配置等)	事故予防マニュアルの有無		(具体的内容記載欄) マニュアルや指針の名称を記載してください	
	事故予防に関する研修		実施頻度(　)回/年	(具体的内容記載欄) ※実施している場合は、研修内容・対象者・講師等も簡単に記載してください
	職員配置		(具体的内容記載欄) 事故発生時ではなく、事故発生当日の保育体制としての配置人数について記載してください	
	その他考えられる要因・分析、特記事項		当該事故に関連する要因や特記がある場合、必ず記入してください	
	改善策【必須】		要因分析の項目を記載した場合は必ず記載すること。改善点がない場合もその理由を記載してください	
ハード面 (施設、設備等)	施設の安全点検		(具体的内容記載欄) ※具体的方法等を記載してください。	
	遊具の安全点検		実施頻度(　)回/年	(具体的内容記載欄) ※具体的方法等を記載してください。また、遊具等の器具により事故が発生した場合には、当該器具のメーカー名、製品名、型式、構造等についても記載してください。
	玩具の安全点検		実施頻度(　)回/年	(具体的内容記載欄) ※具体的方法等を記載してください。また、玩具等の器具により事故が発生した場合には、当該器具のメーカー名、製品名、型式、構造等についても記載してください。
	その他考えられる要因・分析、特記事項		寝具の種類(コット、布団(堅さも)、ベビーベット、ラックなど)、睡眠チェックの方法(頻度など)、児童の発達状況(寝返り開始前、寝返り開始から日が浅い場合は経過日数、自由に動けるなど)等、乳児の睡眠環境については、特に詳細に記載すること。分析も含めた特記事項等、当該事故に関連することを記入してください。	
	改善策【必須】		要因分析の項目を記載した場合は必ず記載すること。改善点がない場合はその理由を記載してください	
環境面 (教育・保育の状況等)	教育・保育の状況		運動会の練習中、午睡後の集団遊び中、等具体的な保育状況を記載してください	
	その他考えられる要因・分析、特記事項		分析も含めた特記事項等、当該事故に関連することを記入してください。	
	改善策【必須】		要因分析の項目を記載した場合は必ず記載すること。改善点がない場合はその理由を記載してください	
人的面 (担当保育教諭・幼稚園教諭・保育士、保育従事者、職員の状況)	対象児の動き		(具体的内容記載欄) なぜそのような行動をとったのかを明らかにするため、具体的に記載してください(例:朝、母親より風邪気味と申し送りあり、いつもは外遊びをするが室内で遊んでいた等)	
	担当職員の動き		(具体的内容記載欄) なぜそのような対応をしたのかを明らかにするため、具体的に記載してください(例:雲梯の反対側で対象児ともう一人の児童を見ていたが、対象児が落下する瞬間に手を差し伸べたが間に合わなかった等)	
	他の職員の動き		(具体的内容記載欄) なぜそのような対応をしたのかを明らかにするため、具体的に記載をしてください(例:園庭で他児のトラブルに対応していたため、見ていなかった等)	
	その他考えられる要因・分析、特記事項		分析も含めた特記事項等、当該事故に関連することを記入してください。	
	改善策【必須】		要因分析の項目を記載した場合は必ず記載すること。改善点がない場合はその理由を記載してください	
その他	その他考えられる要因・分析、特記事項		分析も含めた特記事項等、当該事故に関連することを記入してください。	
	改善策【必須】		要因分析の項目を記載した場合は必ず記載すること。改善点がない場合はその理由を記載してください。	
【所管自治体必須記載欄】 事故発生の要因分析に係る自治体コメント ※事業所(者)は記載しないでください。			自治体の立ち入り検査や第三者評価の結果、勧告や改善命令などの履歴があるかどうか、その結果や改善勧告への対応、今後の研修計画等あればその内容等、所管自治体として把握していること、取り組んでいることも含めて記載してください	

プルダウンメニュー別表　（水色のセルには以下の選択肢から選んだものを記載してください）

項目	以下の中から選択してください
事故報告日	1. 平成27年～平成40年　　　2. 1月～12月　　　3. 1日～31日
報告回数	1. 第1報　　2. 第2報　　3. 第3報　　4. 第4報以降
認可・認可外	1. 認可　　　2. 認可外　　　3. その他
施設・事業種別	1. 幼保連携型認定こども園　　　　　　2. 幼稚園型認定こども園　　　　　3. 保育所型認定こども園 4. 地方裁量型認定こども園　　　　5. 幼稚園　　　6. 認可保育所　　　7. 小規模保育事業 8. 家庭的保育事業　　　9. 居宅訪問型保育事業　　　10. 事業所内保育事業（認可） 11. 一時預かり事業　　　12. 病児保育事業　13.企業主導型保育事業　　　　14.地方単独保育施設 15.その他の認可外保育施設　16. 認可外の居宅訪問型保育事業
発生時の体制	1. 0歳児　　2. 1歳児　　3. 2歳児　　4. 3歳児　　5. 4歳児　　6. 5歳以上児　　7. 異年齢構成　　8. 学童
事故発生日	1. 平成27年～平成40年　　　2. 1月～12月　　　3. 1日～31日
事故発生時間帯	1. 朝（始業～午前10時頃）　2. 午前中　　3. 昼食時・おやつ時 4. 午睡中　　　5. 午後　　　6. 夕方(16時頃～夕食提供前頃)　　7. 夜間・早朝（泊り保育）
子どもの年齢	1. 0歳（0～11か月）　　2. 1歳　　　　3. 2歳　　4. 3歳　　　5. 4歳　　　6. 5歳　　　7. 6歳　　　8. 学童
所属クラス	1. 0歳児クラス　　　2. 1歳児クラス　　　3. 2歳児クラス　　　4. 3歳児クラス　　　5. 4歳児クラス 6. 5歳以上児クラス　　　7. 異年齢構成　　　8. 学童
入園・入所年月日	1. 平成23年～平成40年　　　2. 1月～12月　　　3. 1日～31日
子どもの性別	1. 男児　　2. 女児
事故の転帰	1. 負傷　　2. 死亡
死因	0. 負傷　　1. 乳幼児突然死症候群(SIDS)　　　2. 窒息　　　3. 病死　　　4. 溺死　　　5. アナフィラキシーショック 6. その他
事故誘因	0. 死亡　　1. 遊具等からの転落・落下　　　2. 自らの転倒・衝突によるもの 3. 子ども同士の衝突によるもの　　4. 玩具・遊具等施設・設備の安全上の不備によるもの 5. 他児から危害を加えられたもの　　6. アナフィラキシーによるもの　　7. 溺水によるもの　　8. その他
負傷状況	0. 死亡　　1. 意識不明　　2. 骨折　　3. 火傷　　4. 創傷(切創・裂創等)　　5. 口腔内受傷　　6. その他
受傷部位	0. 死亡　　1. 頭部　　　2. 顔面（口腔内含む）　　3. 体幹(首・胸部・腹部・臀部) 4. 上肢(腕・手・手指)　　5. 下肢(足・足指)
発生場所	1. 施設内(室内)　　2. 施設内(室外・園庭等)　　3. 施設外(園外保育先・公園等)
発生時状況	1. 屋外活動中　　　2. 室内活動中　　　3. 睡眠中(うつぶせ寝)　　　4. 睡眠中(うつぶせ寝以外) 5. 食事中（おやつ含む）　　　6. 水遊び・プール活動中　　　7. 登園・降園中　　　8. その他
事故予防マニュアルの有無	1. あり　　2. なし
事故予防に関する研修	1. 定期的に実施　　　2. 不定期に実施　　　3. 未実施
職員配置	1. 基準以上配置　　　2. 基準配置　　　3. 基準以下
施設の安全点検	1. 定期的に実施　　　2. 不定期に実施　　　3. 未実施
遊具の安全点検	1. 定期的に実施　　　2. 不定期に実施　　　3. 未実施
玩具の安全点検	1. 定期的に実施　　　2. 不定期に実施　　　3. 未実施
教育・保育の状況	1. 集団活動中・見守りあり　　　　　2. 集団活動中・子ども達のみ　　　　　3. 個人活動中・見守りあり 4. 個人活動中・子どものみ　　　5. 睡眠(午睡)中　　　6. 食事(おやつ)中　　　7. その他
対象児の動き	1. いつもどおりの様子であった　　2. いつもより元気がなかった[その理由：記載] 3. いつもより活発で活動的であった[その理由：記載]　　4. 具合が悪かった(熱発・腹痛・風邪気味等)[その理
担当職員の動き	1. 対象児とマンツーマンの状態（対象児に接していた) 2. 対象児の至近で対象児を見ていた 3. 対象児から離れたところで対象児を見ていた 4. 対象児の動きを見ていなかった
他の職員の動き	1. 担当者・対象児の動きを見ていた(至近距離にいた) 2. 担当者・対象児の動きを見ていなかった

報告の系統

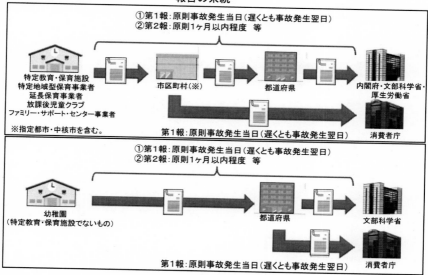

①第1報：原則事故発生当日（遅くとも事故発生翌日）
②第2報：原則1ヶ月以内程度　等

特定教育・保育施設
特定地域型保育事業者
延長保育事業者
放課後児童クラブ
ファミリー・サポート・センター事業者

※指定都市・中核市を含む。

市区町村（※）　　都道府県　　内閣府・文部科学省・厚生労働省

第1報：原則事故発生当日（遅くとも事故発生翌日）

消費者庁

①第1報：原則事故発生当日（遅くとも事故発生翌日）
②第2報：原則1ヶ月以内程度　等

幼稚園
（特定教育・保育施設でないもの）

都道府県　　文部科学省

第1報：原則事故発生当日（遅くとも事故発生翌日）

消費者庁

報告の系統

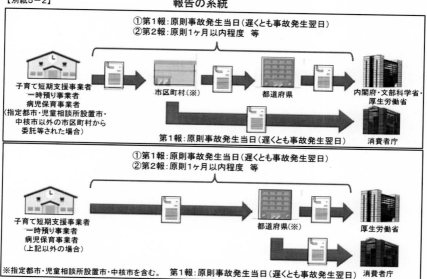

①第1報：原則事故発生当日（遅くとも事故発生翌日）
②第2報：原則1ヶ月以内程度　等

子育て短期支援事業者
一時預り事業者
病児保育事業者
（指定都市・児童相談所設置市・
中核市以外の市区町村から
委託等された場合）

市区町村（※）　　都道府県　　内閣府・文部科学省・厚生労働省

第1報：原則事故発生当日（遅くとも事故発生翌日）

消費者庁

①第1報：原則事故発生当日（遅くとも事故発生翌日）
②第2報：原則1ヶ月以内程度　等

子育て短期支援事業者
一時預り事業者
病児保育事業者
（上記以外の場合）

都道府県（※）　　厚生労働省

※指定都市・児童相談所設置市・中核市を含む。　第1報：原則事故発生当日（遅くとも事故発生翌日）

消費者庁

121

報告の系統

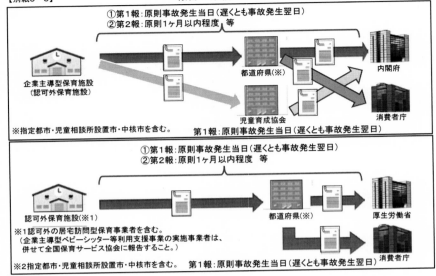

①第1報：原則事故発生当日（遅くとも事故発生翌日）
②第2報：原則1ヶ月以内程度　等

企業主導型保育施設
（認可外保育施設）

都道府県（※）

児童育成協会

内閣府

消費者庁

※指定都市・児童相談所設置市・中核市を含む。　第1報：原則事故発生当日（遅くとも事故発生翌日）

①第1報：原則事故発生当日（遅くとも事故発生翌日）
②第2報：原則1ヶ月以内程度　等

認可外保育施設（※1）

都道府県（※）

厚生労働省

消費者庁

※1認可外の居宅訪問型保育事業者を含む。
　（企業主導型ベビーシッター等利用支援事業の実施事業者は、
　併せて全国保育サービス協会に報告すること。）

※2指定都市・児童相談所設置市・中核市を含む。　第1報：原則事故発生当日（遅くとも事故発生翌日）

府 子 本 第 １ ９ ２ 号
27 文科初第 1789 号
雇児保発 0331 第 3 号
平成２８年３月３１日

各 都 道 府 県 子 ど も ・ 子 育 て 支 援 新 制 度 担 当 部 局
各 都 道 府 県 私 立 学 校 主 管 部 （ 局 ）
各 都 道 府 県 民 生 主 管 部 （ 局 ）
各 都 道 府 県 教 育 委 員 会　　　の 長 殿
各指定都市・中核市子ども・子育て支援新制度担当部局
各 指 定 都 市 ・ 中 核 市 民 生 主 管 部 （ 局 ）

内閣府子ども・子育て本部参事官
文部科学省初等中等教育局
　　　　　　幼 児 教 育 課 長
厚生労働省雇用均等・児童家庭局
　　　　　　保 育 課 長

　　　教育・保育施設等における事故防止及び事故発生時の対応のための
　　　ガイドラインについて

　子ども・子育て支援新制度において、特定教育・保育施設及び特定地域型保育事業者は、事故の発生又は再発を防止するための措置及び事故が発生した場合に市町村、 家族等に対する連絡等の措置を講ずることとされている。このことを踏まえ、国の子ども・子育て会議において、行政による再発防止に関する取組のあり方等について検討すべきとされた。

　これを受け、平成 26 年 9 月 8 日「教育・保育施設等における重大事故の再発防止策に関する検討会」が設置され、昨年 12 月に重大事故の発生防止のための今後の取組みについて最終取りまとめが行われたところである。

　この取りまとめでは、各施設・事業者や地方自治体が事故発生の防止等や事故発生時の対応に取り組み、それぞれの施設・事業者や地方自治体ごとの実態に応じて教育・ 保育等の実施に当たっていくために参考とするガイドライン等を作成するよう提言を受けた。

　今般、この取りまとめを踏まえ、特に重大事故が発生しやすい場面ごとの注意事項や、事故が発生した場合の具体的な対応方法等について、各施設・事業者、地方自治体における事故発生の防止等や事故発生時の対応の参考となるよう「教育・保育施設等における事故防止及び事故発生時の対応のためのガイドライン」を作成したので別添のとおり送付する。

　ついては、本ガイドラインを内閣府、文部科学省、厚生労働省のホームページに掲載するので、管内の市町村（特別区を含む。）、関係機関及び施設・事業者等で広く活用されるよう周知を図られたい。

　なお、本通知は地方自治法（昭和 22 年法律第 67 号）第 245 条の４第１項に規定する技術的助言として発出するものであることを申し添える。

教育・保育施設等における事故防止及び事故発生時の対応のためのガイドライン

【事故防止のための取組み】

～施設・事業者向け～

平成 28 年 3 月

〇はじめに

　教育・保育施設や認可外保育施設等における子どもの死亡事故などの重大事故は、残念ながら毎年発生しています。日々の教育・保育においては、乳幼児の主体的な活動を尊重し、支援する必要があり、子どもが成長していく過程で怪我が一切発生しないことは現実的には考えにくいものです。そうした中で、施設・事業所における事故（以下「事故」といいます。）、特に、死亡や重篤な事故とならないよう予防と事故後の適切な対応を行うことが重要です。

　今回お示しする「教育・保育施設等における事故防止及び事故発生時の対応のためのガイドライン（以下「ガイドライン」といいます。）」は、死亡や重篤な事故への対応を念頭に置いています。

　平成 27 年 4 月に施行された子ども・子育て支援新制度においては、「特定教育・保育施設及び特定地域型保育事業の運営に関する基準」（平成 26 年内閣府令第 39 号）第 32 条第 1 項第 1 号及び第 50 条の規定において、特定教育・保育施設及び特定地域型保育事業者は、事故が発生した場合の対応等が記載された事故発生防止のための指針を整備することとされています。

　これを踏まえ、特定教育・保育施設及び特定地域型保育事業、さらには認可外保育施設・事業も含め、施設・事業者、地方自治体が、それぞれの実情に応じて体制整備や教育・保育等を実施していくに当たって参考としていくものとして、このガイドラインを作成しました。ガイドラインに書かれている内容は、技術的な助言に相当するものです。

　各施設・事業者、地方自治体においては、このガイドラインを参考として、それぞれの実情に応じて、具体的な指針等を策定し、教育・保育等を実施することが必要です。このガイドラインは、事故の発生防止等のための取組みの第 1 歩となるものです。今後、実際に施設・事業者、地方自治体が運用していく状況を踏まえ、引き続き見直しを行うべきものと考えています。

（注１）このガイドラインが念頭に置いている対象施設・事業は、特定教育・保育施設（確認を受けた認定こども園、幼稚園、保育所）、特定地域型保育事業（小規模保育、家庭的保育、居宅訪問型保育、事業所内保育）、地域子ども・子育て支援事業（子どもを預かる事業に限る。一時預かり事業、延長保育事業、病児保育事業）、認可外保育施設及び認可外の居宅訪問型保育事業です。

（注２）このガイドラインにおける「死亡事故等の重大事故」とは、死亡事故（SIDS（Sudden Infant Death Syndrome：乳幼児突然死症候群）や死因不明とされた事例も含む。）に加え、都道府県又は市町村において検証が必要と判断した事例（例えば、意識不明等）のことをいいます。

※本ガイドラインは、「平成 27 年度教育・保育施設等の事故防止のためのガイドライン等に関する調査研究事業検討委員会」により作成されたものです

平成 28 年 3 月

○ 目次

1 事故の発生防止（予防）のための取組み

（1）安全な教育・保育環境を確保するための配慮点等

　安全な教育・保育環境を確保するため、子どもの年齢（発達とそれに伴う危険等）、場所（保育室、園庭、トイレ、廊下などにおける危険等）、活動内容（遊具遊びや活動に伴う危険等）に留意し、事故の発生防止に取り組む。特に、以下の①で示すア～オの場面（睡眠中、プール活動・水遊び中、食事中等の場面）については、重大事故が発生しやすいため注意事項を踏まえて対応する。

① 重大事故が発生しやすい場面ごとの注意事項について
ア　睡眠中
　　　○乳児の窒息リスクの除去

　　　　以下の点を含む乳児の窒息リスクの除去を、睡眠前及び睡眠中に行う。

Point　窒息リスクの除去の方法

- 医学的な理由で医師からうつぶせ寝をすすめられている場合以外は、乳児の顔が見える仰向けに寝かせることが重要。何よりも、一人にしないこと、寝かせ方に配慮を行うこと、安全な睡眠環境を整えることは、窒息や誤飲、けがなどの事故を未然に防ぐことにつながる。

- やわらかい布団やぬいぐるみ等を使用しない。

- ヒモ、またはヒモ状のもの（例：よだれかけのヒモ、ふとんカバーの内側のヒモ、ベッドまわりのコード等）を置かない。

- 口の中に異物がないか確認する。

- ミルクや食べたもの等の嘔吐物がないか確認する。

- 子どもの数、職員の数に合わせ、定期的に子どもの呼吸・体位、睡眠状態を点検すること等により、呼吸停止等の異常が発生した場合の早期発見、重大事故の予防のための工夫をする。

※他にも窒息のリスクがあることに気づいた場合には、留意点として記録し、施設・事業所内で共有する。

イ　プール活動・水遊び

　　○　プール活動・水遊びを行う場合は、監視体制の空白が生じないように専ら監視を行う者とプール指導等を行う者を分けて配置し、また、その役割分担を明確にする。

　　○　事故を未然に防止するため、プール活動に関わる職員に対して、子どものプール活動・水遊びの監視を行う際に見落としがちなリスクや注意すべきポイントについて事前教育を十分に行う。

Point　プール活動・水遊びの際に注意すべきポイント

- 　監視者は監視に専念する。

- 　監視エリア全域をくまなく監視する。

- 　動かない子どもや不自然な動きをしている子どもを見つける。

- 　規則的に目線を動かしながら監視する。

- 　十分な監視体制の確保ができない場合については、プール活動の中止も選択肢とする。

- 　時間的余裕をもってプール活動を行う。　　　等

　　○　施設・事業者は、職員等に対し、心肺蘇生法を始めとした応急手当等及び 119 番通報を含めた緊急事態への対応について教育の場を設け、緊急時の体制を整理し共有しておくとともに、緊急時にこれらの知識や技術を活用することができるように日常において実践的な訓練を行う。

ウ　誤嚥（食事中）

　　○　職員は、子どもの食事に関する情報（咀嚼・嚥下機能や食行動の発達状況、喫食状況）について共有する。また、食事の前には、保護者から聞き取った内容も含めた当日の子どもの健康状態等について情報を共有する。

　　○　子どもの年齢月齢によらず、普段食べている食材が窒息につながる可能性があることを認識して、食事の介助及び観察をする。

－2－

○ 食事の介助をする際の注意としては、以下のことなどが挙げられる。

Point　食事の介助をする際に注意すべきポイント

- ゆっくり落ち着いて食べることができるよう子どもの意志に合った
  タイミングで与える。

- 子どもの口に合った量で与える（一回で多くの量を詰めすぎない）。

- 食べ物を飲み込んだことを確認する（口の中に残っていないか注意
  する）。

- 汁物などの水分を適切に与える。

- 食事の提供中に驚かせない。

- 食事中に眠くなっていないか注意する。

- 正しく座っているか注意する。

○ 食事中に誤嚥が発生した場合、迅速な気付きと観察、救急対応が不可
欠であることに留意し、施設・事業者の状況に応じた方法で、子ども（特
に乳児）の食事の様子を観察する。特に食べている時には継続的に観察
する。

○ 過去に、誤嚥、窒息などの事故が起きた食材（例：白玉風のだんご、
丸のままのミニトマト等）は、誤嚥を引き起こす可能性について保護者
に説明し、使用しないことが望ましい。

【参考例1参照】

エ　誤嚥（玩具、小物等）

○ 口に入れると咽頭部や気管が詰まる等窒息の可能性のある大きさ、形
状の玩具や物については、乳児のいる室内に置かないことや、手に触れ
ない場所に置くこと等を徹底する。

○ 手先を使う遊びには、部品が外れない工夫をしたものを使用するとと
もに、その子どもの行動に合わせたものを与える。

○ 子どもが、誤嚥につながる物（例：髪ゴムの飾り、キーホルダー、ビ
ー玉や石など）を身につけている場合もあり、これらの除去については、
保護者を含めた協力を求める。

－ 3 －

○ 窒息の危険性があった玩具やこれまでに窒息事例があるものと類似の形状の玩具等については、施設・事業所内で情報を共有し、除去することが望ましい。

オ　食物アレルギー

○ アレルギーについて施設・事業所での配慮が必要な場合、保護者から申し出てもらい、幼稚園等の学校においては学校生活管理指導表を、保育所においてはアレルギー疾患生活管理指導表を配付し、提出してもらう。食物の除去については、医師の診断に基づいた同表を基に対応を行い、完全除去を基本とする。

○ 主要原因食物である鶏卵、牛乳、小麦は安価で重要な栄養源であるため、食事の献立に組み込まれる傾向にあることから、主要原因食物に対する食物アレルギーの子どもが施設・事業所にいる場合、除去食又は代替食による対応が必要。

○ 施設・事業所では、家庭で摂ったことのない食物は基本的に与えないことが望ましい。また、家で摂ったことがある食物を与えたときであっても、新規に症状を誘発する場合があることから、食事後に子どもがぐったりしている等の場合、アナフィラキシーショックの可能性を疑い、必要に応じて救急搬送を行うことが望ましい。

○ 除去食、代替食の提供の際には、食事提供のプロセスである献立、調理、配膳①（調理室から食事を出すときの配膳）、配膳②（保育室等での食事を準備するときの配膳）、食事の提供という一連の行動において、どこで人的エラーが起きても誤食につながることに注意する。

○ 自らの施設・事業所において、人的エラーが発生する可能性がある場面を明らかにし、人的エラーを減らす方法や気づく方法のマニュアル化を図ることが望ましい。

　（ア）　食事提供の全過程の中で人的エラーが発生しそうになった事例、人的エラーが発生したがチェック体制により防ぐことができた事例を報告し、自らの施設・事業所で人的エラーが発生する可能性がある場面を明らかにする仕組みを作る。

【参考例2参照】

　（イ）　上記（ア）で明らかになった「人的エラーが発生する可能性がある場面」の情報をもとに、それぞれの場面における人的エラーを減らす方法を共有する。

－4－

- 材料等の置き場所、調理する場所が紛らわしくないようにする。

- 食物アレルギーの子どもの食事を調理する担当者を明確にする。

- 材料を入れる容器、食物アレルギーの子どもに食事を提供する食器、トレイの色や形を明確に変える。

- 除去食、代替食は普通食と形や見た目が明らかに違うものにする。

- 食事内容を記載した配膳カードを作成し、食物アレルギーの子どもの調理、配膳、食事の提供までの間に2重、3重のチェック体制をとる。

（ウ）　上記（ア）で明らかになった場面のうち、特に重要な場面（例：調理室で代替食を調理する時、取り分けする時、ワゴンで調理室から他の職員に受け渡す時、保育室等で配膳する時）を決め、アレルギー表と現物等との突き合わせによる確認を行う。

○　施設・事業者における食物アレルギーへの対応については、「保育所におけるアレルギー対応ガイドライン」（平成23年3月　厚生労働省）及び「学校給食における食物アレルギー対応指針」（平成27年3月　文部科学省）を参考に取り組む。

・保育所におけるアレルギー対応ガイドライン
　　URL：http://www.mhlw.go.jp/bunya/kodomo/pdf/hoiku03.pdf

・学校給食における食物アレルギー対応指針
　　URL：http://www.mext.go.jp/component/a_menu/education/
　　　　　detail/__icsFiles/afieldfile/2015/03/26/1355518_1.pdf

※食物アレルギーの子どもの食事提供の際の確認行動時、プール活動の際の監視時、子どもの移動等の際の人数確認時、睡眠の際の点検時などには、効果的な事故防止のために、声に出して指差し確認するなど確実な確認を実践する。

－5－

② 事故の発生防止に関する留意点

本ガイドラインを参考に、以下について留意の上点検等を実施する。

○ 事故の発生防止の活動

子どもの特性を十分に理解した上で、事故の発生防止に係る行動の確認や事故に発展する可能性のある問題点を把握し、事故の発生防止に取り組む。

○ 事故の発生防止に向けた環境づくり

事故の発生防止に向けた環境づくりには、職員間のコミュニケーション、情報の共有化、苦情（意見・要望）解決への取組み、安全教育が不可欠であることに留意する。

○ 日常的な点検

施設・事業者は、あらかじめ点検項目を明確にし、定期的に点検を実施した上で、文書として記録するとともに、その結果に基づいて、問題のあるか所の改善を行い、また、その結果を職員に周知して情報の共有化を図る。

○ 教育・保育中の安全管理について

教育・保育中の安全管理には、施設・事業所の環境整備が不可欠であることから、施設・事業者は随時環境整備に取り組む。

【参考例3参照】

○ 重大事故の発生防止、予防のための組織的な取組みについて

重大事故の発生防止、予防については、ヒヤリハット報告の収集及び分析が活用できる場合もあるため、以下の取組みを行うことが考えられる。

ア 職員は、重大事故が発生するリスクがあった場面に関わった場合には、ヒヤリハット報告を作成し、施設・事業者に提出する。

イ 施設・事業者は、集められたヒヤリハット報告の中から、上記①のア〜オの重大事故が発生しやすい場面において、重大事故が発生するリスクに対しての要因分析を行い、事故防止対策を講じる。

ウ 施設・事業者は、事故防止対策について、下記（2）における研修を通じて職員に周知し、職員は、研修を踏まえて教育・保育の実施に当たる。

（2） 職員の資質の向上
　　各施設・事業者においては、子どもの安全確保に関する研修に参加することを
　基本とするとともに、全ての職員は、救急対応（心肺蘇生法、気道内異物除去、
　AED・エピペン®の使用等）の実技講習、事故発生時の対処方法を身につける実
　践的な研修を通じて、事故防止に係る職員の資質の向上に努める。
　施設・事業所での研修や職員会議などの機会に、子どもの発育・発達と事故と
　の関係、事故の生じやすい場所等を共有することで、事故への認識、危険に対
　する予知能力の向上を図る。

① 研修や訓練の内容
　○ 施設・事業者自らが企画、立案し、消防等の関係機関、保護者等の協力
　　を得ながら、各種訓練を計画的に実施する。

　○ 上記「（1）安全な教育・保育環境を確保するための配慮点等」につい
　　て、自らの施設等の保育環境を考慮して施設・事業所内で研修を実施する。

　○ その際、「ガイドライン【事故防止のための取組み】～施設・事業者向
　　け～」や国及び地方自治体が行う再発防止に関する取組みを参考に、自ら
　　に適した取組みを行う。

　○ 救急対応（心肺蘇生法、気道内異物除去、AED・エピペン®の使用等）に
　　ついて、実技講習を定期的に受講し、施設・事業者においても訓練を計画
　　的に行う。

　○ 119番通報が円滑に行われるよう通報訓練を行う。その際、園庭での活
　　動中、園外活動中、プールでの活動中等、場所や場面、職員の配置の状況
　　を変え、実践的なものとなるよう工夫して実施する。
　　※119番通報のポイントと伝えるべきことや役割分担については、下記
　　「（3）緊急時の対応体制の確認」を参照する。

② 研修への参加の促進
　○ 地方自治体等が実施する研修への参加については、積極的に対応する。
　　※公定価格には、代替要員等に係る経費が含まれていることを踏まえ、積
　　極的に参加する。
　　※研修の参加費用について、地方自治体から補助が行われている場合があ
　　ることも踏まえ、積極的に参加する。

　○ インターネットで共有等されている事故予防に関する研修の動画等を活
　　用する。

（３）　緊急時の対応体制の確認

　　　　緊急時の対応体制として、以下のような準備をしておくことが望ましい。

①　緊急時の役割分担を決め、掲示する。

　○　事故発生時に他の職員に指示を出す役割について、施設長・事業所長、
　　　副施設長・副事業所長、主任保育士など、順位を付け明確にするとともに、
　　　事故発生時の役割ごとに分担と担当する順番・順位を決め、事務室の見や
　　　すい場所に掲示する。

　○　　緊急時の役割分担の主なものは、以下が考えられる。

Point　緊急時の役割分担の例

・心肺蘇生、応急処置を行う。

・救急車を呼ぶ。

・病院に同行する。

・事故直後、事故に遭った子どもの保護者、地方自治体関係部署に連絡する。

・事故当日、事故に遭った子ども以外の子どもの教育・保育を行う。

・事故直後、交代で事故の記録を書くよう職員に指示する。

・施設・事業所全体の状況を把握しつつ、病院に同行している職員など、
　それぞれの役割の職員間の連絡をとる。

・事故当日、必要に応じて、事故に遭った子ども以外の子どもの保護者に
　事故の概要について説明をする。

・翌日以降の教育・保育の実施体制の確認を行う。

【参考例４参照】

② 日常に準備しておくこと（受診医療機関のリスト、救急車の呼び方、受診時の持ち物、通報先の順番・連絡先等を示した図等）について
　○　施設・事業者は、各職員の緊急連絡網、医療機関・関係機関（地方自治体、警察等）の一覧、保護者への連絡に関する緊急連絡先を事前に整理しておく。

　○　119番通報のポイントと伝えるべきことを施設・事業者で作成し、事務室の見やすい場所に掲示、園外活動等の際に使用するかばんに携帯、プールでの活動中に見やすい場所等に掲示する。

【参考例5参照】

（4）　保護者や地域住民等、関係機関との連携
　　事故発生時の協力体制や連絡体制を整えるとともに関係づくりの必要性について日頃から認識しておく。
　○　地域の人など職員以外の力を借り、子どもの安全を守る必要が生じる場合もあり、常日頃から地域とのコミュニケーションを積極的にとる。あわせて、いざという時の協力・援助を依頼しておくことについて検討する。

【参考例6参照】

（5）　子どもや保護者への安全教育
　　子どもや保護者に対する安全教育にも取り組むことが望ましい。
　○　子どもの発達や能力に応じた方法で、子ども自身が安全や危険を認識すること、事故発生時の約束事や行動の仕方について理解させるよう努める。

　○　家庭における保護者の行動や教育により、子どもが安全な生活習慣を身に付けることができるよう保護者と連携を図る。特に、上記「（1）安全な教育・保育環境を確保するための配慮点等」のうち①のプール活動・水遊び、誤嚥等の対応については、保護者の理解と連携が必要になることに留意する。

【参考例7参照】

（6）　設備等の安全確保に関するチェックリスト
　　施設内の設備について、年齢別のチェックリスト等を作成する等により定期的にチェックし、その結果に基づいて問題のあるか所の改善を行い、また、その結果を職員に周知して情報の共有化を図る。

【参考例8参照】

（7）　事故の発生防止のための体制整備
　　事故の発生防止は組織で対応することが重要であり、施設・事業所の長等のリーダーシップの下、組織的に対応できる体制を整備することとし、上記（1）～（6）の取組みに加え以下に取り組む。

　①　重大事故の防止のための指針等を整備し、実践的な研修等を通じて全ての職

－9－

員に周知する。

② 睡眠中、水遊び、食事中等の活動における危険の有無の確認や、万が一事故が発生した場合の検証ができるよう、必要に応じてビデオ等の記録機器の活用を検討する。

③ 以下の通知等（＊）を参考に、事故の発生防止に取り組む。

Point　事故防止に係る通知等

＊ 「教育・保育施設等における事故防止及び事故発生時の対応のためのガイドライン」（平成 28 年 3 月）

＊ 「特定教育・保育施設等における事故の報告等について」（平成 27 年 2 月 16 日付け府政共生 96 号、26 初幼教第 30 号、雇児保発 0216 第 1 号）

＊ 「水泳等の事故防止について」平成 27 年 5 月 1 日付け 27 文科ス第 119 号）

＊ 「認定こども園においてプール活動・水遊びを行う場合の事故の防止について」（平成 27 年 6 月 8 日付け府子本第 157 号）

＊ 「児童福祉施設等においてプール活動・水遊びを行う場合の事故の防止について」（平成 26 年 6 月 20 日付け雇児総発 0620 第 1 号）

＊ 「保育所及び認可外保育施設における事故防止の徹底等について」（平成 25 年 1 月 18 日付け事務連絡）

＊ 「保育所保育指針」（平成 20 年 3 月 28 日厚生労働省告示第 141 号）及び平成 20 年 3 月「保育所保育指針解説書」（第 5 章 健康及び安全）

＊ 「保育所における感染症対策ガイドライン」（平成 24 年 11 月厚生労働省）

＊ 「保育所における食事の提供ガイドライン」（平成 24 年 3 月厚生労働省）

＊ 「保育所におけるアレルギー対応ガイドライン」（平成 23 年 3 月厚生労働省）

＊ 「教育・保育施設等における重大事故防止策を考える有識者会議（仮称）」による再発防止の取組み

－１０－

【参考資料参照】

2 事故の再発防止のための取組み

　施設・事業者及び地方自治体は、死亡事故等の重大事故が発生した場合に事故後の検証を行った上で、これまでの取組みについて改善すべき点を検討し，重大事故の再発防止の取組みについて、以下に留意し実施する。

（1）　再発防止策の策定
　　　○　「ガイドライン【事故発生時の対応】」の（8）の事故後の検証を踏まえて、既に発生した事故が防げるものだったのか、今後、類似事故の発生防止のために何をすべきか、という視点で具体的に再発防止策の検討を行う。

　　　○　策定した再発防止策については、既存の指針等に確実に反映させるとともに、その後の取り組み状況に応じて、随時見直しを図る。

（2）　職員等への周知徹底
　　　○　発生した事故について、再発防止策を職員全員に周知するとともに必要に応じて保護者とも共有を行う。

（**参考例**）

　次頁より施設・事業者向けの参考例をお示しします。
　これらの例を参考に、それぞれの施設・事業者の実情に応じて必要な内容を選択
していただき、自らの施設・事業者の体制整備や教育・保育等の実施に当たってく
ださい。

誤嚥・窒息事故の防止
「誤嚥・窒息事故防止マニュアル～安全に食べるためには～（浦安市作成）」

はじめに

　消費者庁の調べでは、日本人の不慮の事故による死因をみますと、2010 年は「窒息」が 9,727 人で、「交通事故」の 7,144 人を超えています。
　また、窒息事故による死亡者の大半は、65 歳以上の高齢者が占めていますが、0 歳から 4 歳の乳幼児の死亡も年間 20～30 人発生しています。
　平成 24 年度には、栃木市や東京都あきる野市等の保育園でも窒息事故が起きています。
食べ物による窒息事故のリスクを低減させるために、保育園職員が事故の実態やその要因を正しく理解し、万が一事故が発生した時には迅速に対応できるよう緊急時の対応を整え、応急処置の方法を知っておくことも大切です。
　また、安全な食べ方を園児が身につけるためには、保育園職員の摂食指導はもちろん、家庭への働きかけや関係機関との連携も不可欠です。
　幸い、浦安市では、重篤な事故は起きていませんが、今後も「重篤な事故は起きない」という保証はどこにもありません。
　このマニュアルが、自分たちの保育や子どもたちの食習慣を今一度見直すきっかけとなり、また組織編成の点検、事故防止や緊急時の対応等の参考として、保育園職員一人一人の危機管理意識を高める一助となれば幸いです。

---

1. 食品による窒息事故の実態について

　食品による窒息事故の背景には、誤嚥又は嚥下困難となる事例が日常的に発生しており、厚生労働省の統計によれば、食べ物による窒息の死亡者数は毎年4千名を超え年々増加の傾向にある。年代的に乳幼児、高齢者に窒息が起こりやすい。

＊誤嚥・・・飲食物が食道ではなく気管に入ってしまうこと

＊嚥下・・・飲み込むこと

2. 窒息事故の多い食品

　原因食品として餅、米飯及びパン等の穀物類の頻度が高い。食品安全委員会によるリスク評価によると、一口当たり窒息事故頻度（注1）は餅が最も高く、次いでミニカップゼリー、あめ類、パン、肉類、魚介類、果実類、米飯類となっている。

注1
【一口あたり窒息事故死亡症例数】
【平均一日摂取量】÷【一口量】×【人口】
　一口あたり窒息事故頻度の数値は、仮に日本全国で一億人の人がその食品を一口、口に入れるとして、その一億口あたりで窒息事故がおこる頻度を意味する。

3. 窒息事故の要因について

（1）食品以外の要因について

　高齢者では、加齢による咀嚼力の低下、歯の欠損、脳血管障害等の疾患、嚥下機能障害等が、窒息事故につながる。

　小児では、歯の発育、摂食機能の発達の程度、あわてて食べるなどの行動が関連する。乳幼児では、臼歯（奥歯）がなく食べ物を噛んですりつぶすことができないため窒息が起こりやすいが、食べる時に遊んだり泣いたりすることも窒息の要因と指摘されている。また、保護者や職員の窒息危険性の認識、応急処置の知識の有無、食事の介助方法なども事故に関わる要因と推測される。

（2）食品側の要因について

　食品表面の滑らかさ、弾力性、固さ、噛み切りにくさといった食感や、大きさ、形状などが窒息事故に関連すると推測される。窒息事例で最も多かった餅の物性は口に入る時の 50〜60℃では軟らかく、付着性が小さい（伸びやすい）が、餅の温度が体温に近い 40℃程度に低下すると固くなり、付着性も増加する特性が窒息原因になりやすい。

　こんにゃく入りミニカップゼリーは、上を向いたり吸い込んで食べたりすると気道に吸い込まれやすくなる。また、冷やすとさらに固さを増すため、十分に噛み切れないまま飲み込もうとして気道を塞ぐことがある。水分の少ない部分に張り付くと、はがれにくく壊れにくいことなどから、いったん気道につまるとなかなか吐き出しにくいものとなる。

－14－

4．安全に食べるための嚥下のしくみ

　　食事をおいしく安全に食べるには、歯・嚥下のしくみを
理解し、健康な食生活を支援することが大切である。

（1）　気管と食道のしくみ

　　気管は鼻と口から吸った空気の通り道であり、食道は
食べ物・飲み物の通り道である。両者はのど部分で交差
している。

気管　食道

（2）　嚥下のしくみ

　　嚥下とは、食べ物を口から胃へ送るための一連の運動
をいう。食べ物を飲み込む際は、喉頭蓋が下向きになり
気管の門が閉じて食道が開き、食べ物が食道から胃へと
入っていく。

気管　食道

（3）　誤嚥とは

　　誤嚥とは、食べ物が食道へ送り込まれず、誤って気管
から肺に入ること。乳幼児の気管の径は１cm未満、大人
は２cm程度のため、これより大きいと気管の入り口を塞
ぎ、窒息の原因となる。

　　（参考）誤飲：食物以外の物を誤って口から摂取するこ
　　　　　　とを誤飲といい、誤嚥と区別する。

（4）　歯の生え方

　　新生児の口は哺乳に適した形になっている。
　７、８か月ごろ乳歯が生え始める。９～１１か月頃、乳
前歯が上下４本ずつ８本の歯が生えそろう。

　　１歳前後に前歯が８本生えそろうようになる。１歳～
１歳６か月頃、第一乳臼歯（一番初めに生える乳歯の奥
歯）が生え始める。３歳６か月頃までには乳歯（２０本）
が生えそろう。

　　５～６歳頃から乳歯より大きな永久歯が生えてくるの
に備え、顎が成長する。歯並びが良くなるようにすき間
ができる。
　６歳前後になると乳歯の一番奥に第一大臼歯（一番初め
に生える永久歯の奥歯）が生えてくる。

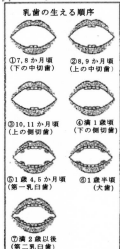

乳歯の生える順序

①7,8か月頃
（下の中切歯）

②8,9か月頃
（上の中切歯）

③10,11か月頃
（上の側切歯）

④満１歳頃
（下の側切歯）

⑤1歳4,5か月頃
（第一乳臼歯）

⑥1歳半頃
（犬歯）

⑦満２歳以後
（第二乳臼歯）

－１５－

5. 窒息事故を防ぐための安全な食べさせ方

(1) 0歳児

チェックポイント

○子どもの正面に座り、「あーん」「おいしいね」「もぐもぐ」などと声をかけ、口の動きを促す。
○目を離さず、一人一人の嚥下の様子をしっかり見ていく。
○食事の途中で、眠くなってしまったら無理に食べさせない。
○腰がしっかり安定するように、椅子の工夫をしていく。

離乳期の区分	形態	特徴	子どもの姿	配慮
離乳開始前	液状の物	・母乳やミルク以外の物に慣れる。	・大人の食べる様子を見て欲しがる。・手にしたものをなめたり、指しゃぶりをする。	・初めての食材は、家庭で試してもらう。・家庭での様子を把握していく。・栄養士、担任、保護者と連携をとりながら進めていく。
5～6か月頃	なめらかにすりつぶした状態	・唇を閉じてごっくんと飲み込める。	・スプーンから食べ物を唇で取り込む。・「あーん」と声をかけると自分で口を開ける。	・スプーンは浅く、口角の1/2～2/3の大きさとする。・口に入る量は、スプーン半分を目安とする。・開いた口の舌先にスプーンを置き、口が閉じるのを待ちスプーンを抜く。
7～8か月頃	舌でつぶせる固さ	・舌と上あごで食べ物をすりつぶして食べられるようになる。	・舌の使い方が上手になり、唇を閉じて口の中に食べ物を送ろうとする。・肉や魚など、舌でつぶしにくいものは口の中に残ったり出したりする。	・唇を閉じたら水平にスプーンを抜く。・食物が口の中に残っている時は口から出す。・次の食べ物を口に入れる時は量を加減する。
9～11か月頃	歯茎でつぶせる固さ	・舌で食べ物を片方に寄せ、奥の歯茎で噛む動作ができるようになる。	・形ある食べ物を歯茎の方に送り、上下の歯でつぶす。・手づかみで食べる。・手のひらで押し込む。・コップを使って飲み込もうとする。	・「もぐもぐ」「ごっくん」など声かけをしながらのみこませや、まる飲みしないようにする。・のどを潤しながら食事をする。・別皿を使うなどして、手づかみを食べやすくする。・コップの使い始めは量を加減し、そばで見守る。
12～18か月頃	歯茎で噛める固さ	・前歯を使って食べ物をかみ切ったり奥歯で噛んだりする動作ができるようになる。	・前歯でかじり、舌を上下左右に動かして移動させる。・歯の生えていない奥の方の歯茎でつぶして食べる。・スプーンやフォークを使って食べようとする。・食べる量や好き嫌いなど、個人差が出てくる。	・固い食材はしっかり噛んでいるか確認する。・スプーンやフォークで食べられる物を取り入れていく。（子ども用と介助用スプーンを用意する。）・大きさや量を調節したり、「おいしいね」などていねいな声かけをしたりすることで楽しい雰囲気をつくる。

(2) 1・2歳児

チェックポイント

○食の自立とともに、窒息事故が起こりやすくなることを把握しておく。
○保育者は、子どもの食べ方や様子が見えるようそばにつき、できるだけ立ち上がらず、落ち着いて安全に食べられるよう見守る。

特 徴	子どもの姿	配 慮
・歯の生え方や咀嚼力には個人差がある。	・「いただきます」の挨拶をする。	・挨拶をすることで、食べ始めと食べ終わりの区切りをつけ、落ち着いて食事ができる環境をつくる。
・一口で食べられる適量がわかるようになり、食べ物の大きさや固さに適した食べ方が身に付いてくる。	・スプーンやフォークを使って食べる。 ・手の機能が未発達のため、上手にすくえず、かき込んでしまう。 ・噛まずに飲み込もうとする。	・一口の適量を知らせていく。 ・のどを潤しながら食事をする。 ・口の中の食べ物がなくなったことを確認してから、次の食べ物を口に入れる。 ・スプーンにのせる量や口の奥まで入れすぎないように、注意していく。 ・器の中が少なくなるとスプーンですくいづらくなり、かき込みやすくなるので保育者がスプーンにのせる等、配慮する。 ・食べやすい大きさにして、「もぐもぐ」「かみかみ」などと声かけをし、よく噛んで食べることを知らせる。 ・飲み込みにくい様子が見られた時には、一度口の中から取り出す。
・唇を閉じたまま咀嚼するようになる。	・苦手な物や食べにくい食材を口の中にためこむ。 ・おしゃべりや遊び食べをする。 ・食事中眠くなる。 ・「ごちそうさま」の挨拶をする。	・口の中に食べ物がある時は誤嚥の危険性が高くなるので、おしゃべりなどしないよう声をかける。 ・食事を終わりにする時は、口の中に物が入っていないか確認する。 ・麦茶を飲んだりタオルで口を拭いたりした後、口の中に物が入っていないことを確認する。 ・年齢、発達によりブクブクうがいをして口の中を綺麗にすることを促す。

(3) 3・4・5歳児

チェックポイント

○保育者は子どもの状況が把握できる位置につき、安全な食べ方をしているか確認する。(姿勢、口に入れる量、水分など)
○食事に集中できる環境をつくる。
(テーブルに座る人数、食事後の過ごし方など)
○ゆとりある時間を確保する。

特　徴	子どもの姿	配　慮
・乳歯が生えそろい固さ、大きさ、粘度等に合わせしっかり噛んで食べることができる。 ・安全な食べ方の基礎が身に付いてくる。	・食べ物をかき込んだり、急いで食べたりする。 ・前歯や奥歯を使い分け、固い食材も食べられるようになる。 ・食べ物を口に入れた状態で話をしたり、立ち歩いたりする。 ・一品食べをする。	・ゆとりある時間を確保する。 ・早食いにならないように、集中してよく噛む時間をつくる。 ・前歯が抜けている時は、小さくちぎり奥歯でしっかり噛むように声をかけていく。 ・食べ物が急に気管に入ってしまうことがあるので、その都度危険につながることを伝えていく。 ・のどにつまりやすいので、食べ物と水分(汁物)がバランスよくとれるように声かけしていく。

(4) 時間外おやつ

保護者の出入りの多い時間ではあるが、安全に食べているかしっかり見守る。

※水分をとっているか？
※つめ込みすぎていないか？
※職員は子どもの表情が見える位置にいるか？

安全な食べさせ方(1)〜(3)各年齢参照

(5) 職員間の連携

＊子どものそばを離れる時は、近くの職員に声をかけてから離れる。
＊担任以外の職員が食べさせる時は、子どもの食べ方の特徴を伝える。
(つめこみすぎ、早食い、噛まずに飲み込むなど)

☆窒息事故を防ぐための安全な食べさせ方(1)〜(3)各年齢参照

－18－

143

（6）　食事提供などのポイント

　本マニュアルの4ページ～6ページでは、乳児期、幼児期の発達段階に合わせ安全な食べ方を明記したが、ここでは、食事中の見守りや安全に食べるための環境づくりについてのポイントを紹介する。

（嚥下を促す摂食指導）

・開口時に、舌が床に平行程度の頸部の角度にする。

① 　姿勢のポイント
　　＊5、6か月（嚥下を促す姿勢）
・　介助しながら摂食・嚥下機能を上手に獲得させていく。
・　子どもの発育・発達には個人差があるので、子どもの様子をよく見ながら離乳食を進めていき、食べる姿勢に配慮していく。

　　＊7、8か月～幼児期（顎や舌に力が入る姿勢）
・　椅子の場合は、足の裏が床につく高さにして深く座る。
・　テーブルに向かってまっすぐに座り、肘がつく高さにする。

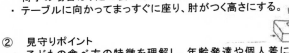

・背もたれは、お風呂マットに、カバーを掛けるなどの工夫をする。
・足元はお風呂マットを切ったりくりぬいたりして工夫する。

② 　見守りポイント
・　子どもの食べ方の特徴を理解し、年齢発達や個人差に合った食事指導をしているか？
・　安全に食べているか、子どもの表情が見える位置にいるか？
・　常に食事中の見守りを怠らないようにする。
・　食べ方に注意が必要な食材は、食べる前に説明をする。

③ 　安全な「食べ方」のポイント
　　＊安全な「食べ方」を身に付けて、窒息事故を予防する。
・　食べることに集中する。
・　姿勢を整える。
・　水分を取ってのどを潤してから食べる。
・　遊びながら食べない。
・　食べやすい大きさにする。
・　つめ込みすぎない。
・　口の中に食べ物がある時は、話をしない。
・　よく噛んで食べる。（※参照）

※「　よく噛んで食べる　」

　乳幼児期から学童期は、食べ方を育てる時期となる。
　口腔機能が発達し歯の生え変わる時期でもある。
　また、五感を育て咀嚼習慣を育成する大切な時期となる。

「　よく噛むことのメリット　」

・　食べ物が栄養分として消化吸収されやすくなる。
・　素材の味や歯ごたえ、噛む音等五感を使って楽しむことができる。
・　唾液がたくさん出て、口の中がきれいになる。
・　満腹感を得ることができる。

－19－

６．　食材＆調理の仕方について

（１）　歯と咀嚼について

　　咀嚼機能の発達には、子どもの歯の生える時期が深くかかわっている。
１歳頃には奥歯が生える前段階として歯茎の膨隆がでてくるため、奥の歯茎で
食べ物をつぶすことができるようになる。歯茎で食べ物をつぶすためには舌と
顎の連動が必要となり、咀嚼の基本的な動きが獲得されてくる。歯茎でつぶせ
るようになると、やや固さのあるものも食べられるようになり、乳前歯が上下
４本ずつ生えそろうと噛み切ることが可能になる。
　　１歳８か月頃には、上下の第一乳臼歯が生えそろい、噛み合わせができあが
って、噛みつぶしも上達するが、まだうまくはできない。その後、第二乳臼歯
が生え始め、２歳半過ぎには上下が噛み合って、食べ物のすりつぶしが可能に
なるとともに、咀嚼力も増大する。
　　そこで、第二乳臼歯が生えそろう前の０，１歳児クラスと２〜５歳児クラス
とを区別して、食材の提供をすることとした。

（２）　誤嚥・窒息につながりやすい食べ物の形状や性質
　　どんな食べ物でも誤嚥、窒息の可能性はあるが特に誤嚥、窒息につながり
やすい食材は以下のようなものである。
① 弾力があるもの　　　　→　　　　こんにゃく、きのこ、練り製品など
② なめらかなもの　　　　→　　　　熟れた柿やメロン、豆類　など
③ 球形のもの　　　　　　→　　　　プチトマト、乾いた豆類　など
④ 粘着性が高いもの　　　→　　　　餅、白玉団子、ごはんなど
⑤ 固いもの　　　　　　　→　　　　かたまり肉、えび、いか　など
⑥ 唾液を吸うもの　　　　→　　　　パン、ゆで卵、さつま芋など
⑦ 口の中でばらばらに
　なりやすいもの　　　　→　　　　ブロッコリー、ひき肉など

　また、大きさとしては、球形の場合は直径４．５㎝以下、球形でない場合は
直径３．８㎝以下の食物が危険とされている。しかし大きさが１㎝程度のもの
であっても、臼歯の状態によって、十分に食品をすりつぶすことができない年
齢においては危険が大きく、注意が必要である。

（3）　誤嚥・窒息につながりやすい食べ物の調理について

　　① 給食での使用を避ける食材

食品の形態、特性	食材	備考
球形という形状が危険な食材 （吸い込みにより気道をふさぐことがあるので危険）	プチトマト	四等分すれば提供可であるが、保育園では他のものに代替え
	乾いたナッツ、豆類（節分の鬼打ち豆）	
	うずらの卵	
	あめ類、ラムネ	
	球形の個装チーズ	加熱すれば使用可
	ぶどう、さくらんぼ	球形というだけでなく皮も口に残るので危険
粘着性が高い食材 （含まれるでんぷん質が唾液と混ざることによって粘着性が高まるので危険）	餅	
	白玉団子	つるつるしているため、噛む前に誤嚥してしまう危険が高い
固すぎる食材 （噛み切れずそのまま気道に入ることがあるので危険）	いか	小さく切って加熱すると固くなってしまう

② 0、1歳児クラスは提供を避ける食材（咀嚼機能が未熟なため）

食品の形態、特性	食材	備考
固く噛み切れない食材	えび、貝類	除いて別に調理する。 例：クラムチャウダーの時は、 　　　0，1歳児クラスはツナ 　　　シチューにする
噛みちぎりにくい食材	おにぎりの焼き海苔	きざみのりをつける

③ 調理や切り方を工夫する食材

食品の形態、特性	食材	備考
弾力性や繊維が固い食材	糸こんにゃく、白滝	1cmに切る （こんにゃくはすべて糸こんにゃくにする）
	ソーセージ	縦半分に切って使用
	えのき、しめじ、まいたけ	1cmに切る
	エリンギ	繊維に逆らい、1cmに切る
	水菜	1cmから1.5cmに切る
	わかめ	細かく切る
唾液を吸収して飲み込みづらい食材	鶏ひき肉のそぼろ煮	豚肉との合いびきで使用するまたは片栗粉でとろみをつける
	ゆで卵	細かくし、なにかと混ぜて使用する
	煮魚	味をしみ込ませ、やわらかくしっかり煮込む
	のりごはん（きざみのり）	きざみのりを、かける前にもみほぐし細かくする

④ 食べさせる時に特に配慮が必要な食材

食品の形態、特性	食材	備考
特に配慮が必要な食材 （粘着性が高く、唾液を吸収して飲み込みづらい食材）	ごはん	水分を取ってのどを潤してから食べること つめ込みすぎないこと よく噛むことなど （5（6）食事提供などのポイント②と③参照）
	パン類	
	ふかし芋、焼き芋	
	カステラ	

⑤ 果物について

食品の形態、特性	食材	備考
咀嚼により細かくなったとしても食塊の固さ、切り方によってはつまりやすい食材	りんご	完了期までは加熱して提供する
	梨	完了期までは加熱して提供する
	柿	完了期まではりんごで代用する

≪家庭へのよびかけ≫
　プチトマト、カップゼリー、ぶどう等は、誤嚥を防ぐために保育園給食で使用していないことを家庭へも伝えていく。配慮が必要であることは家庭でも同じであるので、危険性について情報提供をしていく必要性がある。
　遠足時のお弁当持参の時に配慮してほしいことを、クラスだよりや給食だよりで伝えていくことが、重要である。

7. 窒息時の対応について

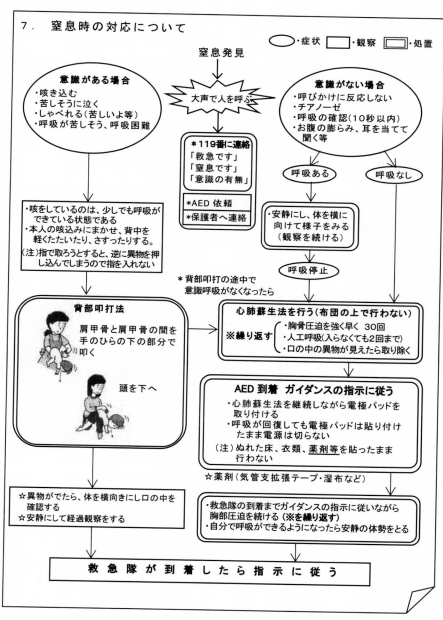

・症状 ⬭　・観察 ☐　・処置 ☐

窒息発見

大声で人を呼ぶ

意識がある場合
・咳き込む
・苦しそうに泣く
・しゃべれる（苦しいよ等）
・呼吸が苦しそう、呼吸困難

意識がない場合
・呼びかけに反応しない
・チアノーゼ
・呼吸の確認（10秒以内）
・お腹の膨らみ、耳を当てて
　聞く等

＊119番に連絡
「救急です」
「窒息です」
「意識の有無」
＊AED依頼
＊保護者へ連絡

呼吸ある　　　　呼吸なし

・咳をしているのは、少しでも呼吸が
　できている状態である
・本人の咳込みにまかせ、背中を
　軽くたたいたり、さすったりする。
（注）指で取ろうとすると、逆に異物を押
　し込んでしまうので指を入れない

・安静にし、体を横に
　向けて様子をみる
　（観察を続ける）

呼吸停止

＊背部叩打の途中で
　意識呼吸がなくなったら

背部叩打法

肩甲骨と肩甲骨の間を
手のひらの下の部分で
叩く

頭を下へ

心肺蘇生法を行う（布団の上で行わない）
※繰り返す
・胸骨圧迫を強く早く　30回
・人工呼吸（入らなくても2回まで）
・口の中の異物が見えたら取り除く

AED到着　ガイダンスの指示に従う
・心肺蘇生法を継続しながら電極パッドを
　取り付ける
・呼吸が回復しても電極パッドは貼り付け
　たまま電源は切らない
（注）ぬれた床、衣類、薬剤等を貼ったまま
　行わない
☆薬剤（気管支拡張テープ・湿布など）

☆異物がでたら、体を横向きにし口の中を
　確認する
☆安静にして経過観察をする

・救急隊の到着までガイダンスの指示に従いながら
　胸部圧迫を続ける（※を繰り返す）
・自分で呼吸ができるようになったら安静の体勢をとる

救急隊が到着したら指示に従う

8. 緊急時の役割分担

管理・監督者（園長など）
- ☐ 現場に到着次第、リーダーとなる
- ☐ それぞれの役割の確認および指示
- ☐ 心肺蘇生やAED使用

発見者
- ☐ 子どもから離れず観察及び症状の記録
- ☐ 助けを呼び、人を集める（大声で）
- ☐ 職員Aに「準備」・職員Bに「連絡」を依頼
- ☐ 管理者が到着するまでリーダー代行となる
- ☐ 心肺蘇生や AED の使用

職員 A「準備」
- ☐ AEDの準備
- ☐ 症状の記録（随時）
- ☐ 心肺蘇生やAEDの使用

職員 B「連絡」
- ☐ 救急車を要請する（119番通報）
- ☐ 管理者を呼ぶ
- ☐ 保護者への連絡
- ☐ さらに人を集める
- ☐ 心肺蘇生やAEDの使用

職員 C
- ☐ 他の子どもの対応
- ☐ 救急車の誘導
- ☐ 心肺蘇生やAEDの使用

＊救急隊が到着したら、報告しましょう

＊職員 C がいない場合も予想できます。
　C がいない場合を想定して、A・B の職員
　で、対応できるようにしましょう。

　　＊各々の役割分担を確認
　　　年2～3回は訓練しましょう！！

誤嚥・窒息事故防止マニュアル～安全に食べるためには～　参考資料

- 安全に食べるための実施指針　　　墨田区

- 子どもの事故防止ノート　　　日本小児看護学会

- 歯からみた幼児食の進め方　　　小児科と小児歯科の保健検討委員会

- 小児の食物誤嚥による窒息事故死の現状と予防策について
  慶応義塾大学医学部総合医科学研究センター

- 「子どもの誤嚥、事故（やけど・転落など）を防ぐーこれでお母さんも安心ー」
  緑園こどもクリニック院長　山中龍宏小児科医

- 「たまひよ新・基本シリーズ」　　　ベネッセ

- 幼児の食べ方の指導　　　千葉県歯科医師会

- 発達がわかれば子どもが見える　　　ぎょうせい

- 食品による窒息死が増加　消費者庁が注意喚起

  日本生活習慣病予防学会

<参考例2>
　食物アレルギーに関するマニュアル作成の例（法人保育園の食物アレルギー
　マニュアルの作成の際の実践例）
　　（NPO 法人保育の安全研究・教育センター提供）

例1：調理途中の工程で除去食を取り分ける時は、声に出して確認する。
　　　→（アドバイザーコメント）
　　　　　　「声を出して確認する」とは、どうやって？一人で？
　　　→（修正後）
　　　　　調理途中の工程で除去食を取り分ける時は、調理している人が、他の
　　　　　2人に声に出して知らせる。他の 2 名は取り分けたことを目で見て確認
　　　　　し復唱する。

例2：おかわり時。カウンターに置き（蓋をつけ、食品が混ざらないように）大人
　　　が入れる。アレルギー対応のおかわりは、配膳時と同じ色のお盆に乗せ、お皿
　　　にラップをかけ、名前を記入。「○○くんの△△（献立）のおかわり、もらい
　　　ます」と声をかけ、給食職員から職員へ手渡し。
　　　→（アドバイザーコメント）
　　　　　　どこへ置く？手渡し時には声をかけるだけ？　返事はいらない？
　　　→（修正後）
　　　　　　おかわりを配膳時と同じお盆に乗せ（アレルギーの子どもの名前とそ
　　　　　の子どものトレイの色がここに書いてある）、お皿にラップをかけ、名
　　　　　前を記入してカウンターの南側に置く。他のおかわりは、食品が混ざら
　　　　　ないように蓋をつけ、カウンターの北側に置き、おとなが入れる。
　　　　　　「○○くんの△△のおかわり、もらいにきました」「○○くんの△△の
　　　　　おかわりはこれです。」「はい、○○くんの△△のおかわりはこれですね」
　　　　　と職員が給食職員に声をかけ手渡しをする。

例3：献立表どおり作る。もし変更した場合は、その日の給食閲覧メッセージカー
　　　ドに変更を記入し、保護者にもわかるようにする。
　　　→（アドバイザーコメント）
　　　　　　「変更しない」と言ったら徹底する。「変更するな」と言っておいて
　　　　　「もし変更したら」では、ルールにならない。
　　　→（変更後）
　　　　　献立どおりに作る。
　　　　　発注者側のミスで違うものが届いた時などで変更せざるを得ない場合は、
　　　　　その日の給食閲覧メッセージカードに変更を記入し、保護者にもわかる
　　　　　ようにし、口頭でも変更部分を保護者に伝える（変更の基準を明確化）

－27－

<参考例３－１－①>
日常的な点検
「上尾市立保育所危機対応要領（上尾市作成）」P15

３．保育中の安全管理について

３） 日常の安全点検

　保育所は、日頃から保育環境の整備を行い、児童が安全に遊べるよう常に努めなければならない。そこで、環境への細かい配慮をした上で、あらかじめ点検項目を明確にしておき、全職員で分担して、安全点検チェックリストをもとに定期的に点検を実施する。リスクマネジャーは点検結果を集約・整理して、所長及び担当職員と不適項目について協議し、改善に努め、またその結果を職員に周知して、情報の共有化を図る。

① 点検項目

	チェックリスト	点検頻度	点検者	承認者	資料管理
a	施設内設備・環境上の点検事項	月１回	各職員（分担）	リスクマネジャー → 所長	リスクマネジャー
b	固定遊具の安全点検事項				

② 点検の方法

保育所は、年度当初にリスクマネジャーが中心となって、チェックリストの各項目に、各保育所の特徴を加えた点検表を作成し、点検を行う。（全職員が係われるように配慮する。）

↓

リスクマネジャーが点検の実施及び管理を担当し、各点検項目においての不適事項については、リスクマネジャーを中心に所長及び点検者等と協議して改善を行う。

↓

リスクマネジャーは、各点検項目の不適事項、改善事項を集約し、ヒヤリ・ハットマップ等の修正等を行うとともに、職員会議等により職員に周知することで、情報の共有化を図る。

<参考例３－１－②>
　日常的な点検
　「家庭的保育の安全ガイドライン（NPO 法人家庭的保育全国連絡協議会作成）」P7

8　記録の重要性

- 　家庭的保育者の安全管理に対する取り組みが実際に行われていることを証明するのは文書です。さまざまな取り組みを文書化（記録に残す）することにより、他の人にどういう取り組みをしているかということを知ってもらうことができます。

- 　計画、対応マニュアル、記録、報告などを作成し、保存しておくことにより、保育補助者や家庭的保育支援者などと情報を共有することができます。また、保護者にもどのように保育を進めているか、知ってもらうための資料となります。

- 　子どもの健康観察チェック表や連絡帳の写しを保存することは、平常時からの子どもの様子を把握するためにも役立ちます。特に問題なく一日を終えた日の記録を保存しておくことで、どういう保育や安全管理をしているかを示す資料とすることもできます。

- 　また、報告を書くことは自分自身の保育や取り組みを振り返るためにも役立ちます。うまくいかなかった場合はどういうところに問題があったか、どういう対応が取れるかを考え、保育内容や安全対策を改善していくことにつなげていきましょう。

<参考例３－２－①>
　保育中の安全管理について
　　「上尾市立保育所危機対応要領（上尾市作成）」P16

3　保育中の安全管理について

　4）　年齢別のチェック項目

　　児童は、発達により行動パターンが大きく異なる。そこで、保育士は児童の年齢に応じた特徴、発達状態、動静など常に実態をよく把握し、その個人差に応じた安全指導を行い、各クラスの保育・指導計画に基づいて安全管理に対するチェック項目を明確にし、毎月確認を行う。

（点検項目）

チェックリスト	点検頻度	点検者	承認者	資料管理
年齢別事故防止チェックリスト	月１回以上	担任	リスクマネジャー→所長	リスクマネジャー

（点検の方法）

担任保育士は、年度当初に、各年齢における児童の特徴を捉えたうえで、保育・指導計画を実施する中で予想されるリスクについてのチェックリストを作成し、点検を行う。

↓

担任は、点検を実施し、その結果をリスクマネジャーに報告する。各点検項目においての不適事項については、リスクマネジャー及び所長と協議して改善を行う。

↓

リスクマネジャーは、各点検項目の不適事項、改善事項を集約し、ヒヤリ・ハットマップ等の修正等を行うとともに、職員会議等により職員への周知を行う。また、必要に応じて所長またはリスクマネジャーが、担当への適切な指導を行う。

<参考例３－２－②>
　　保育中の安全管理について
　　「安全保育（三鷹市作成）」P26〜28

２　保育環境
（１）　安全な環境
　　日頃から環境整備を行うことは勿論であるが、危険と思われる個所は、適宜対策を講じる必要がある。子どもの年齢や発達を踏まえて、保育環境を整備し安全に遊べるように努める。

ア　室内の安全
① 出入り口
- 災害時の避難口、避難経路が確保されているか、常に意識する。非常口の近辺には物を置かない。
- ドアの開閉に気をつける。開閉の際は子どもがドアに手や身体をつけていないか、戸袋付近にいないかを注意確認する。
- 必要なときに施錠されているか、不審者の侵入に対し防御の用意はあるか点検する。

② 家具
- 家具類には、ストッパー、転倒防止の設置を行う。
- 家具の上に物を置いていないか、引出しは閉まっているか、落下してくるものはないかを確認する。
- 死角をつくらないようコーナーの配置に気をつける。
- 家具の角にぶつかってケガをしないよう、ガードテープを貼る、または、カバーをつけて安全対策を行う。
- 棚などにかけるクロスは子どもが引っ張ることが出来ないようにする。

③ 壁面
- 釘や鋭利な突起物が残っていないか、落下の危険はないか確認する。
- 園舎内では原則として画鋲は使用しない。
- 子どもの手が届く高さにあるコンセントには、コンセントカバーをつける、または家具で隠す等配慮する。
- カーテン、装飾などに使う布や置物などは、防炎加工してあるもの、または有毒ガスなどが発生しないものを使用する。（１㎡以上の布は防炎加工が必要）

④ 床面
- 水濡れ等滑って転ぶ危険がないか、汚れていないかを確認し清潔を保つ。
- 絨毯にごみや糸くず等落ちていないかよく確認する。絨毯のめくれや小さい物、つまずきやすい物が歩行の妨げになっていないか注意する。

⑤ ベランダ
- ベランダに出るサッシの溝は、マットなどで覆い段差に気をつける。
- 水濡れ等滑って転ぶ危険がないか、汚れていないかを確認する。
- ベランダに足がかりになるような遊具などは置かない。

－31－

- スノコのささくれ、釘、隙間の間隔などに注意する。
⑥トイレ
- 水はねにより床が滑らないか確認する。
- 個室内の安全が確認できるようにする。
- 手洗いの流しの周りに陶器・ガラス物等割れる物は置かない。
- おむつ交換台に子どもを乗せている時は、絶対に目を離さない。
⑦ 調乳スペース
- 毎日清掃を行う。汚れた時はすぐ清掃し清潔を保つ。
- 調乳、湯冷ましは所定の位置で行う。
- ポットの転倒、転落に注意し、子どもから離れて使用する。

イ　場所による注意点（室内）

① 保育室
- 保育室内の整理整頓をする。
- 子どもの手の届くところには、重い玩具・危険な物を置かない。
- 高いところにある重いもの、倒れやすいものは固定する。
- 針箱は保育室には持ち込まない。
- 絨毯の端がめくれてつまずいたりしないよう固定する。
- 子どもの動線に配慮した環境を設定し、死角をつくらない。
- ロッカーの上に子どもを乗せない。

② 事務室
- 職員がいない時には子どもを自由に出入りさせない。
- 事務用品（特にカッター、ナイフ、千枚通し、ボンド等）は戸棚または引き出しの中に片付ける。

③ 廊下
- 物を置かない。（避難通路になっている）

④ 保健室
- 原則として出入り口及び薬品庫の鍵は常に閉めておく。
- 薬品は子どもの手の届かない所に置く。

⑤ 洗濯室
・出入り口の扉は常に閉めておく。
・原則として子どもを出入りさせない。

⑥ 調理室
・子どもの入室は禁止する。
・職員が不在になる時は施錠する。

ウ　園庭

① 固定遊具や砂場、乗り物、植物や飼育物等の扱い方について職員間で情報の共有化をはかっておく。

② 飼育物と触れ合う時は、保育士が側に付き添い、かまれる、引っかかれることのないように気をつける。その後の手洗いを励行する。動物アレルギー反応のある子どもへは個別配慮する。

③ 常に人数把握し、特に遊び場所が変わるときや保育士がその場を離れるときは、声を掛け合い危険防止の確認を行う。

④ 不審者の侵入や子どもの飛び出しに注意し、出入り口を施錠し管理する。

⑤ 毎朝、危険なものが落ちていないか、犬猫の糞など不衛生なものがないか、点検を怠らない。常に清潔を保つよう、随時取り除く・掃く・洗い流す等、環境への配慮に努める。（休み明けは、特に念入りに行う。）

⑥ 転倒時の安全と、陽射しを避けるため、常時帽子を着用させる。

⑦ 園庭倉庫の管理には、十分注意する。（子どもは中に入らない等）

⑧ 植物（樹木）に突起物や害虫がいないか点検、確認する。

⑨ 植物（樹木）や花は毒性のないものを選ぶ。

⑩ 倉庫や用具入れの戸は子どもが自由に開閉できないようにする。

⑪ フェンスネットがはずれて引っかかる危険のないよう、整備点検する。

⑫ 門扉の鍵は子どもが簡単に開けられないものにする。

<参考例4>
緊急時の役割分担表の書式例
「保育現場の「深刻事故」対応ハンドブック」の書式例を元に作成

緊急時の役割分担表（順序）の書式例					
緊急時の役割分担表（順序）					
心肺蘇生	施設・事業所内外にいる全職員、管理者の動向把握と連絡（＝事故後の現場責任者）	直後の外部連絡（当該子どもの保護者、地方自治体の担当者など）	保護者や近隣への説明（求められたき）※	残った職員による継続保育を監督※※	事実の記録を促す

【役割分担表の記入・活用のポイント】
<準備段階>
- 左側の列（心肺蘇生の欄）から順番に、そして上の欄から順番に「今、施設・事業所にいない人」を×で消していき、今、施設・事業所にいる職員のうち一番上の欄に書かれている職員がその役割を担当する。不在の職員の動向については、下の余白に記入する。

○ 役割分担表の記入・活用のポイント
- ※の役割は、内容を冷静に伝えることができる者とする。
- ※※の役割は、子どもが不安にならないよう、職員を落ち着かせることができ、かつ、保育上の安全について特に配慮できる者とする。
- 施設・事業所の長がいない組織、施設・事業所の副長がいる組織など、施設・事業者の組織はさまざまなので、自らの組織に合わせて記入する。
- 「心肺蘇生」は、できる人から順に名前を記入する。
- 「心肺蘇生」以外は、すべて同じ順番でもかまわない。
- 施設のリーダー層（理事長〜主任、クラス・リーダー）は、危機に際して率先して動く。

<土曜保育、休日保育、遅番早番時の役割分担>
- 分担表を特別に作る必要はない。
- 深刻事故が発生した場合には、左（心肺蘇生）から順に、上の欄から「いない人」に×をつけていき、いる人だけで対応する。
- 今後、施設・事業所に来る職員がいる場合は、下の余白に記入する。

<施設・事業所外保育（お散歩、遠足、宿泊活動など）の場合>
- 施設・事業所外保育の場合も土曜保育等と同様に対応する。
- 出発前に、施設・事業所外にいる職員と施設・事業所に残っている職員の両方において、「動向把握と連絡の担当」を決めること。

－34－

<参考例５>
　119 番通報のポイントと伝えるべきことの書式例
　「保育現場の「深刻事故」対応ハンドブック」の書式例を元に作成

119 番通報のポイントと伝えるべきことの例

119 番通報のポイントと伝えるべきこと

１．　「救急です」

　119 番につながったら、まずはっきり「救急です」と言います（＝火事ではない）。

住所：

目印：

２．　場所（住所）を告げる

　施設・事業所の敷地内で起きた場合は、施設・事業所の住所を言います。施設・事業所は住宅地の中のわかりにくい場所にあることも多いので、救急車が来るときに目印となる公園や交差点名なども告げましょう（住所、目印は電話の横に書き出しておきます）。散歩や施設・事業所外の活動のときも、公園や施設の名前や住所、通過する大きな交差点や目立つ建物などの名前を言えるよう地図を作って携帯します。

３．　事故の状況を説明する

　「誰が」「どうしたのか」を正確にわかりやすく伝えます。たとえば、「○時○分ごろ、×歳児が１人、高さ 1.5 メートルの滑り台から落ちました。動きません。泣いてもいません。どこを打ったかはわかりません」「○時○分ごろ、×歳児が給食中に○○を（何かを）喉に詰まらせました。唇が青くなってきました」。

　基本は、「いつ、どこで、誰が、何を（何から、何に）、どうした」と「今、～な状態である」です。こうした情報は救急を要請するときだけでなく、ヒヤリハットや事故の情報を共有するときにも重要です。

４．　通報者の氏名と連絡先を告げる

　「私の名前は、○○です。電話番号は～」と告げます。施設・事業所外におり、携帯電話から通報している場合には、携帯電話であることも告げます。

５．　通報後は、しばらく電源を切らない

　通報を処理するセンターから確認の電話がくる場合もあるので、通報後しばらくは電源を切らないこと。

６．　救急車を迎える

　道路などに出て、救急車に合図をしましょう。すでに暗くなっていたら懐中電灯を持って出て、救急車に合図をしましょう。

※「正しい 119 番通報の方法」（総務省消防庁防災情報室）の内容を保育施設向けに改変しました。
　http://www.fdma.go.jp/ugoki/h1610/19.pdf

－ 35 －

160　資料

<参考例6＞
保護者や地域住民等、関係機関との連携
「家庭的保育の安全ガイドライン（NPO 法人家庭的保育全国連絡協議会作成）」P5

4　地域との関わりの重要性

- 家庭的保育は1人または保育補助者などと少人数の保育者により保育が行われています。保育補助者とともに保育をしている場合も、1人で保育する時間帯もあります。家族や地域の人など保育者以外の力を借り、子どもの安全を守る必要が生じることがあります。そのため、常日頃から地域とのコミュニケーションを積極的にとるようにし、いざという時の協力・援助を依頼しておきましょう。

- まずは家庭的保育という保育を行っていることを地域の方に知っておいていただくことが必要です。特に、保育室開設時の挨拶や日々の挨拶を欠かさないようにしましょう。

- いざという時に、いち早く駆けつけてもらえるのは地域の人です。日中どこの家に人がいるか、どこの家なら助けが求められるかということも把握しておくとよいでしょう。

- 地域の人とのコミュニケーションは、いざという時に助けてもらえるだけでなく、日常的に様々な情報が得られ、防犯・防災に備えることにつながります。

- 地域の関係機関はもとより、警察、交番、自治会長、民生委員などともコミュニケーションを図り、特に災害時など気にかけてもらえるようにしておきましょう。

- 子どもを連れて散歩や公園へ出かける時に、子どもと共に近所の方々に挨拶をし、顔を覚えてもらう、公園で地域の子ども達と遊ぶ時には保護者たちとも仲良く付き合う、町内会の避難訓練の行事にも参加する、などにより、家庭的保育者が媒介となって、子どもが育つ地域作りをしていきます。

- 地域の人々に見守られる家庭的保育は保護者の安心にもつながるでしょう。

<参考例７＞
　　安全教育
　　　「安全保育（三鷹市作成）」Ｐ５～６

　イ　安全保育

① 子ども
　　　子どもが小さいうちは、子どもの特性の理解と周囲の環境整備により大部分の事故は防止可能である。しかし、子どもの成長に伴って、子ども自身が安全や危険を認識し対応することが必要である。そのために、健康教育や交通安全指導などの機会を利用して、子どもたちに安全教育を行う。
- 園内の危険な場所を教えておく。また、子どもが遊ぶ際は、配慮しなければならないことなども指導する。（急に保育室内から飛び出さない、廊下では走らないなど）
- 保育園内の遊具や、園庭・プールなどでの遊び方を指導する。
- ヒヤリ・ハット事例や事故が発生したときは、予防策について、子どもたちに指導する。（鼻にものをつめない、頭は大事など）
- 散歩や遠足など戸外活動を行うときは、道路の歩き方、渡り方、公園など現地での遊び方を指導する。

② 職員
　　　保育園での事故防止にあたっては、事故を防ぐための方策について学習し知識を得ること、および現場に潜む危険を鋭く予測するための危険予知力を高め、瞬時に介する問題解決能力を身につけることが必要である。安全保育などのマニュアルや「医療機関を受診した負傷事故」（保健部会統計）等を活用し、子どもの発育・発達と事故の関係、事故の生じやすい場所等を、職員会議や年度末などに機会を設けて職員間で共有することで、事故への認識、危険に対する予知能力の向上を図る。具体的には園庭遊び、遊具の使い方、異年齢合同保育の留意点について確認し、プールの安全管理など、季節に応じた安全面の配慮を職員会議などで共有する。
- 資料１「年齢ごとの事故防止チェックリスト」を活用する。
- 過去の事例を事故直後や年度末などに振り返り、再発防止策を学ぶ。
- 交通安全指導や消防署・警察署による避難訓練・防犯訓練などを実施する。
- 救命研修などを活用し、応急処置の仕方を身に付ける。
- 園内研修などを活用し、学習する。

③ 保護者

　　子どもへの安全教育や職員の配慮により、ある程度事故を減らすことは可能であるが、それだけでは十分ではない。一日のうちの長い時間を過ごす保育園では、子どもの心身の状態が日々の活動に与える影響も大きいことから、保護者と連携して子どもの毎日の生活リズムを整え、規則正しい生活を送ることにより、情緒や体調を整えておくことが必要である。また、家庭における保護者の行動や教育により、子どもが安全な生活習慣を身につけることが不可欠である。やけどの防止や衣類・靴の選び方、ヘルメット・チャイルドシートの推進など、子どもの事故防止策について、園だより、保護者会などを活用し保護者に周知する。

<参考例8－1>
　　施設内設備のチェックリスト
　　「上尾市立保育所危機対応要領　資料編（上尾市作成）」P12～13

○　施設内設備（環境上の点検事項）

		所長	リスク マネジャー	担当

正門	きちんと開閉する。	
	ストッパーがついている。	
	鍵がきちんとかかる。	
	子どもが一人で開けられないようになっている。	
	外部から不審者が入れないように工夫してある。	
出入口	きちんと開閉する。	
	障害物がない。	
	指詰め防止の器具がついている。	
	鍵がきちんとかかる。	
	延長保育時の保護者の出入りの工夫をするなど、不審者対策を行っている。	
保育室	保育室・職員室が整理整頓されている。	
	ロッカー・棚及び上においてあるものが固定されている・角が危なくない。	
	くぎが出ていたり、壁・床等破損しているところがない。	
	画鋲でとめてある所にセロハンテープがついている。	
	子どもが触れる位置にある電気プラグは防止策をしている。	
プールサイド	柵・床が破損したり滑ったりしない。	
	水をためたり、排水がスムーズに流れる。	
	プール内外がきちんと清掃されている。	
	プール内外に危険なもの不要なものが置かれていない。	
階段	破損部分がない。	
	すべり止めがついている。	
	手すりがきちんとついている。	
	妨げになるものが置いていない。	
	死角になるところがない。	
	2階の柵がきちんと設置されている。	
園庭	危険なものが落ちていない（煙草の吸殻・犬猫のふん他）。	
	木の剪定がされている。	
	砂場が清潔に保たれている。	
	柵・外壁・固定遊具などの破損がない。	
	死角になるところがない。	
	雨上がりの始末はきちんとされている。	

－39－

	床・壁・柵等の破損部分がない。	
テラス	水たまりができないように清掃されている。	
	滑らないように工夫されている。	
	避難は確保されているか。	
	柵の扉の鍵がきちんとかかる。	
	外部からの不審者が入れないように工夫してある。	
	転んでも頭が切らないように角がとれている。	

○ 施設内設備（指導上の配慮事項）

		所長	リスク マネジャー	担当

正門	園児が門を開閉して遊ばないよう注意している。	
	門の安全を確認して開閉している。	
	お迎えの人が通常と違う時は連絡をもらっている。	
	来園者の出入りを確認し、知らない人が入って来たら声をかけている。	
出入口	園児に開閉で遊ばないように注意している。	
	門の安全を確認して開閉している。	
	来園者の出入りを確認している。	
	保護者に延長時の対応を知らせている。	
保育室・プール	ロッカー・棚の上に乗らないように伝えている。	
	室内で走らないよう知らせている。	
	プール内でのマナーを知らせている。	
階段	昇り方降り方を知らせている。	
	階段で遊ばない、勝手に登らないなど約束している。	
園庭	来園者の出入りを確認している。	
	園庭遊びの約束事を決め知らせている。	
	倉庫の中では遊ばないようにしている。	
	知らない人に声を掛けられてもついて行かないよう注意している。	
	園児がどこで遊んでいるか把握し、見えにくいところや危険が予測されるところは保育者がついている。	
テラス	危険な遊びをしないよう知らせている。 （2階から玩具を落とす、柵に上がるなど）	
	テラス、ベランダでは走らないようにしている。	

＜参考例８－２＞
　　遊具のチェックリスト
　　　「上尾市立保育所危機対応要領　資料編（上尾市作成）」P14～15

○　固定遊具（環境上の点検事項）

		所長	リスク マネジャー	担当

すべり台	さびや金属劣化で手すり等がグラグラしていない。	
鉄棒	さびや金属劣化等で本体部分にぐらつきがない。	
	基礎部分にぐらつきがない。	
のぼり棒	さびや金属劣化で本体部分に傷んでいる箇所はない。	
	上り棒が本体部分からはずれやすくなっていない。	
	下が固い場合、クッションになる物を設置している。	
ジャング ルジム	さびや金属劣化で本体部分に傷んでいる箇所はない。	
うんてい	さびや金属劣化で本体部分に傷んでいる箇所はない。	
砂場	犬や猫の糞対策等衛生面の具体的配慮がある。	
	砂場に石・ガラス片・釘等先の尖った物などが混ざっていない ようにチェックしている。	

－42－

○ 固定遊具（指導上の注意事項）

	所長	リスクマネジャー	担当

滑り台	順序よく滑るよう指導している。	
	最上部で子ども達がふざけ合っていない。	
	他児を押している子どもがいない。	
	頭から滑り降りている子どもがいない。	
鉄棒	鉄棒の正しい握り方の指導をしている。	
	鉄棒をしている子の前後に他の子がいない。	
	鉄棒に縄跳び等を縛り付けて遊んでいない。	
	上手にできない子に正しく指導している。	
ブランコ	遊んでいるブランコの前後に他の子はいない。	
	周りに他児がいないことを確認して遊ぶように指導している	
	必要以上にブランコの勢いをつけてこいでいない。	
	ブランコから手を離して飛び出したりしていない。	
	ひとつのブランコに沢山の子ども達が乗って遊んでいない。	
のぼり棒	最上部で立ち上がっている子どもはいない。	
	上り棒や本体部分をわざと揺らしてる子はいない。	
	下に他児がいないことを確認して降りるよう子どもに指導している。	
	上り棒から樹木をつかんだり乗り移ったりしていない。	
ジャングルジム	上でふざけて合っている子どももはいない。	
	下に三輪車等の遊具を置かないよう注意している。	
	上から物を投げないように指導している。	
うんてい	下に他児がいないことを確認して遊ぶよう指導している	
	うんていの上で立ち上がったり歩いたりしている子はいない。	
砂場	他児に砂を投げたりしていないか。砂が目に入ると危険であるということを子どもに指導している。子もに指導している。	
	スコップ等砂場遊具の安全な使用方法を指導している。	
	砂を口に入れないよう、注意している。	
	砂の付いた手で目等こすらないように指導している。	
その他	上記の遊具で遊んでいる時は、目を離さずに側に行き見守っている。	
	公園にある遊具についても、安全点検し遊ばせている。	
	全体を見わたせる位置に保育士がいて子供を把握している。（全体把握）	

－43－

<参考例8-3>
　年齢別のチェックリスト
　「上尾市立保育所危機対応要領　資料編（上尾市作成）」P16～25

○　チェックリスト（0歳児）

	所長	リスク マネジャー	担当

1	子どもの周囲に鋭い家具、玩具、箱などがないかを必ず確認し、危険な物はすぐに片付けている。	
2	ベビーベッドの棚とマットレス、敷き布団の間に隙間のないことを確認している。	
3	ドアのちょうつがいに、子どもの指が入らないように注意している。	
4	子どもの周りに、角やふちの鋭いものはないようにしている。	
5	床に損傷、凹凸がないか確認している。	
6	口の中に入ってしまう小さなおもちゃを手の届くところに置かない。	
7	ビニール袋、紙、紐、ゴム風船は、子どもの手の届かない所にしまってある。	
8	園庭の玩具に損傷や不具合がないか確認し、危険な物は片付けている。	
9	子どもが入っている時は、ベビーベッドの棚を必ず上げる。棚には物を置かない。	
10	寝ている子どもの上に、物が落ちてこないよう安全を確認している。	
11	敷居や段差のあるところを歩くときは、つまずかないようにする。	
12	子どもが、暖房器具のそばに行かないように気をつけている。	
13	沐浴やシャワー中の子どものそばから離れないようにしている。事前に温度確認をしている。	
14	ミルクを飲ませた後は、ゲップをさせてから寝かせる。	
15	よだれかけを外してから、子どもを寝かせている。	
16	子どもを寝かせるときには仰向けに寝かせ、常にそばについて子どもの状態を観察している。	
17	換気および室温などに注意し測定している。	
18	子どもの足にあっている靴か、身体にあったサイズの衣類か、ボタン、装飾品など口に入りやすいものがあるかどうか確認している。	
19	オムツの取替えなどで、子どもを寝かせたままにしてそばを離れることはない。	
20	子どもを抱いているとき、自分の足元に注意している。	
21	子どもを抱いているとき、あわてて階段を下りることはない。	
22	いすに座っていて急に立ち上がったり、倒れることがないように注意している。	
23	つかまり立ちをしたり、つたい歩きをし始め不安定なとき、そばについて注意をしている。	
24	口に物をくわえて歩かないようにしている。	
25	子どもは保育士を後追いをすることがあるので、保育者の近くに子どもがいないか注意している。	
26	バケツや子供用プールに、水をためて放置することはない。	

27	遊びの中で、転倒することがあるので、周囲の玩具などに注意している。	
28	砂を口に入れたり、誤って砂が目に入ってしまうことがないよう気をつける。	
29	午睡時チェックを１５分ごとに行っている。	
30	連絡ノートで家庭での健康上の様子を知り、視診をしっかりして、健康チェックをしている。	
31	感染防止のため手洗いを充分に行っている。	
32	食事時誤飲のないようゆっくり対応している。	
33	人数確認のチェック	
34	園で使用するベビー用品は、子どもの年齢や使用目的にあったものを選び、取り扱い説明書をよく読んでいる。	
35	子どもが直接触れて火傷をする様な暖房器具は使用しない。暖房器具のそばに行かないように気をつける。	
36	敷き布団は、固めのものを使用している。	
37	室内を清潔に保ち衛生面に気をつける。	

○ チェックリスト（1歳児）

	所長	リスク マネジャー	担当

1	子どもの遊んでいる位置や人数を確認している。	
2	固定遊具を使用する時は、そばについている。	
3	おもちゃを持ったり、カバン等を身体にかけたまま、固定遊具で遊ばせることはない。	
4	子どもが敷居や段差のあるところを歩く時には、つまずかないように注意している。	
5	教室からベランダや玄関等の段差のあるところに、子どもが一人で行くことはない。	
6	子どもが大きなものを持って移動する時は、付き添う。	
7	子どもの腕を強く引っ張らないように注意している。	
8	肘内障を起こしやすい子ども、アレルギーや家庭事情など配慮を要する子どもを全職員が把握している。	
9	椅子に立ち上がったり、椅子をおもちゃにして遊ばないよう注意している。	
10	午睡中はある程度の明るさを確保し、子どもの眠っている様子や表情の変化に注意している。	
11	ドアを開閉する時、子どもの手や足の位置を確認している。	
12	子どもが引き出しやドアを開け閉めして遊ばないよう注意している。	
13	室内は整理整頓を行い、使用したものはすぐに収納場所にかたづけている。	
14	ハサミやカッターなどの刃物は、使用したら必ずかたづけている。	
15	コンセントなどにさわらないように注意している。	
16	口の中に入ってしまう小さなおもちゃを手の届くところに置いていない。	
17	ネジや玩具の破片など誤飲の原因となるものが落ちていないか確認している。	
18	食べ物の硬さや大きさ、量などを考えて食べさせている。	
19	ビニール袋などは、子どもの手の届かない所にしまっている。	
20	紐などを首にかけないよう注意している。	
21	子どもが鼻や耳に小物を入れて遊ばないように注意している。	
22	遊具などをくわえて走り回ることがないようにしている。	
23	床が濡れたらすぐに拭き取るようにしている。	
24	トイレのレバーを操作する時は、手助けをしている。	
25	落ち着いて便器に座るように補助している。	
26	子どもの足にあった靴か、身体にあったサイズの衣類かを確認している。また、靴を正しく履いているか確認している。	
27	公園は年齢にあった公園を選び、遊ばせる際には安全に十分気をつけている。	
28	砂を口に入れたり、誤って砂が目に入ってしまうことがないように、気をつけている。	
29	避難散歩車を使用する時は、きちんとつかまって立ち、手や身体を乗り出さない	

－46－

	よう注意している。	
30	ウサギなどの小動物と遊ぶ時は、そばについて怪我をしないように気をつけている。	
31	散歩の時は人数確認している。（出発前・散歩先・到着後）	
32	道路では、子どもが飛び出さないよう十分注意している。	
33	散歩中、動物・危険物（自動車、バイク、自転車、看板等）に触らないよう気をつけている。	
34	バケツや子ども用プールの中に、水をためて放置することはない。	
35	水遊びをする時は、必ず保育者が付き添い、ケガや事故のないよう十分注意している。	
36	毎朝視診を行う（連絡ノートなどにより、職員が体調を把握する）。	
37	水分補給は努めて行っている。	
38	高いところに重いものを置かない（落下防止）。	
39	常に保護者との連絡手段を確保している。	
40	室内外で角や鋭い部分にはガードがしてある。	
41	ロッカーや棚は倒れないよう転倒防止策を講じている。	
42	画鋲などの危険物が落ちていないか点検している。	
43	床は滑りやすくなっていないか注意している。	
44	室内遊具に破損はないか点検している。	
45	室内の換気・温度・湿度は適切か気をつけている。	
46	本の破損がないか点検している。	
47	十分な保育空間が確保されているか気をつけている。	
48	窓ガラスにひび割れがないか点検している。	
49	出入り口の戸の開閉がスムーズに出来るか、外れやすくなっていないか点検している。	
50	雨の後など、テラスや園庭の固定遊具が濡れて滑りやすくなっていないか確認している。	

○ チェックリスト（2歳児）

		所長	リスク マネジャー	担当	

1	子どもの遊んでいる位置を確認している。	
2	遊具の安全を確認している。	
3	固定遊具を使用するときは、そばについている。	
4	おもちゃを持ったり、カバンをかけたまま、固定遊具で遊ぶことがないように注意している。	
5	すべり台の正しい遊び方を指導し、上でふざけたり、危険な遊びをさせないようにしている。	
6	砂場では砂の汚染や量、周りの枠について注意・点検している。	
7	砂が目に入らないよう、また人にかからないよう砂の扱い方について知らせている。	
8	固定遊具の近くで遊ぶ際、勢いあまって衝突することがないよう注意している。	
9	子どもが敷居や段差のあるところを歩くときや、外遊びをするときは、つまづかないように注意している。	
10	子どもが大きなものを持つときは、段差がないか床や地面の状態に注意している。	
11	階段や玄関などの段差のあるところに、子どもがひとりで行かないように注意している。	
12	階段を上り下りするときは、子どもの下側を歩くか、手をつないでいる。	
13	室内では衝突を起こしやすいので走らないようにし、人数や遊ばせ方を考えている。	
14	おもちゃの取り合いなどの機会をとらえて、安全な遊び方を指導している。	
15	午睡中は、ある程度の明るさを確保し、子どもの眠っているようすや表情の変化に注意している。	
16	午睡後、十分に覚醒しているか、個々の状態を十分に把握している。	
17	子どもの腕を強く引っぱらないよう注意している。	
18	肘内障を起こしやすい子ども、アレルギーや家庭事情など配慮を要する子どもを全職員が把握している。	
19	手に怪我をしていたり、手がふさがっているときは、特にバランスが取りにくく、転びやすいので注意している。	
20	室内・室外で角や鋭い部分にはガードがしてある。	
21	保育者が見守っているときを除き、いすに立ち上がったり、いすをおもちゃにして遊ぶことはない。	
22	ロッカーや棚は倒れないよう転倒防止策を講じている。	
23	ドアを開閉するとき、子どもの手や足の位置を確認し、必要によりストッパーを使用している。	
24	子どもが引き出しやドアを開け閉めして、遊んでいることがないように注意している。	

－48－

25	室内は整理整頓を行い、使用したものはすぐに収納場所にかたづけている。	
26	ハサミやカッターなどの刃物は、使用したら必ずかたづけている。	
27	遊具などをくわえて走り回ることがないようにしている。	
28	口の中に入ってしまう小さなおもちゃを手の届くところに置いていない。	
29	食べもののかたさや、大きさ、量などを考えて食べさせている。また、魚には骨があることも伝え、注意している。	
30	ビニール袋などは、子どもの手の届かない所にしまってある。	
31	子どもが鼻や耳に小物を入れて遊んでいないか注意している。	
32	先の尖ったものを持たせないようにしている。	
33	子どもが直接ふれてやけどをするような暖房器具は使用していない。また、子どもが暖房器具のそばに行かないよう気をつけている。	
34	床が濡れたらすぐに拭きとるようにしている。	
35	トイレには必ず保育者が付き添っている。	
36	バケツや子ども用プールなどに、水をためて放置することはない。	
37	水遊びをするときは、必ず保育者が付き添っている。	
38	ウサギなどの小動物と遊ぶときは、そばについて注意している。	
39	火は熱いことを教え、気をつけるように指導している。	
40	子どもの足にあった靴か、体にあったサイズの衣類かを確認している。また、靴を正しく履いているか確認している。	
41	散歩のときは人数確認している。	
42	道路では飛び出しに注意し、指導している。	
43	散歩のときは、動物、危険物(自動車、バイク、自転車、看板等)に触らないよう気をつけている。	
44	手をつないで走ると転びやすいこと、転んだときに手がつきにくいことを保育者は理解し、指導している。	
45	散歩のとき、園が近づくと早く帰園しようとして、走ったり早足になると危険であることを、保育者が理解している。	
46	公園は年齢にあった公園を選び、遊ばせる際には安全に十分気をつけている。	
47	年齢にあった固定遊具であるか、雨などで滑りやすくなっていないかなど点検して遊ばせている。	
48	ジュースの空き缶やタバコなどの危険な物があるときには、口にしないように指導し、危険な物に気がついたらかたづけるようにしている。	
49	犬や動物はかんだり、鶏はつつくことがあることを子どもに教え、注意している。	
50	子ども一人一人の個性や発達を把握し、子どもの行動を読み取るよう気をつけている。	

○ チェックリスト（3歳児）

		所長	リスク マネジャー	担当

1	子どもの遊んでいる遊具やまわりの安全を確認している。	
2	固定遊具の遊び方の決まりを守らせるようにしている。	
3	おもちゃを持ったり、カバンをかけたまま、固定遊具で遊ぶことがないように注意している。	
4	砂場は、砂の汚染や量、周りの枠について注意点検している。	
5	園庭の状況にあった遊び方を選び、保育者は子どもの行動を常に確認できる状況である。	
6	室内では衝突を起こしやすいので走らないようにし、人数や遊ばせ方を考えている。	
7	おもちゃの取り合いなどの機会をとらえて、安全な遊び方を指導している。	
8	午睡中はある程度の明るさを確保し、子どもの眠っているようすや表情の変化に注意している。	
9	午睡後、十分に覚醒しているか、個々の状態を十分に把握している。	
10	子どもの腕を強く引っぱらないように注意している。	
11	既往症のある子どもや家庭事情など配慮を要する子どもを全職員が把握している。	
12	室内・室外で角や鋭い部分にはガードがしてある。	
13	保育者が見守っているときを除き、いすに立ち上がったり、いすをおもちゃにして遊ぶことはない。	
14	ロッカーや棚は倒れないよう転倒防止策を講じている。	
15	室内は整理整頓を行い、使用したものはすぐに収納場所にかたづけている。	
16	ハサミやカッターなどの刃物は、使用したら必ずかたづけている。	
17	おはしなどを持って歩き回ることがないように注意している。	
18	食べもののかたさや、大きさ、量などを考えて食べさせている。	
19	先の尖ったものを持ち歩いたり、振り回したりしないように指導している。	
20	子どもが直接ふれてやけどをするような暖房器具は使用していない。また、子どもが暖房器具のそばに行かないよう気をつけている。	
21	床が濡れていたらすぐに拭き取るようにしている。	
22	子ども同士のトラブルにも注意深く見守っている。	
23	おもちゃを投げたり、ふりまわしたりしないよう指導している。	

○ チェックリスト（4歳児）

		所長	リスク マネジャー	担当	

1	子どもの遊んでいる遊具や周りの子どもの安全を確認している。	
2	滑り台や登り棒、ジャングルジムなど固定遊具の遊び方の決まりを守らせるようにしている。	
3	おもちゃを持ったり、滑り台の上でふざけたり危険な遊びをさせないようにしている。	
4	登り棒の登り方、降り方を指導し、下には遊具のないように気をつけ、必ず付き添うようにしている。	
5	砂場では砂の汚染や量、周りの枠について注意点検している。	
6	固定遊具の近くで遊ぶ時は勢いあまって衝突することがないよう注意している。	
7	鉄棒で遊ぶ時は下に遊具などが無いように気をつけ、必ず付き添うようにしている。	
8	園庭の状況にあった遊び方を選び、保育士は子どもの行動を常に確認できる状況である。	
9	子どもの足にあった靴や体にあったサイズの衣類かを確認している。また、靴を正しく履いているか確認している。	
10	フェンスや門など危険な高い場所に上らないように指導している。	
11	おもちゃの取り合いなどの機会をとらえて、安全な遊び方を指導している。	
12	午睡後、十分に覚醒しているか、個々の状態を十分に把握している。	
13	子どもの腕を強く引っ張らないようにしている。	
14	肘内障を起こしやすい子どもや、家庭事情など配慮を要する子どもを全職員が把握している。	
15	テーブルやイスに立ち上がったり、逆さにしたり、揺らして遊ぶことがないように指導している。	
16	ロッカーや棚は倒れないように転倒防止策を講じている。	
17	室内は整理整頓を行い、使用したものはすぐに収納場所に片付けている。	
18	ハサミなど正しい使い方をさせ、使用したら必ず片付けている。	
19	お箸などを持って歩き回ることがないよう注意している。	
20	給食の魚を食べる時は、骨に注意し、食べ方を指導している。	
21	子どもが鼻や耳にどんぐりや小物を入れて遊んでいないかを注意している。	
22	先の尖ったものを持っているときは、人に向けたり、振り回したりしないように指導している。	
23	子どもが暖房器具のそばに行かないように気をつけている。	
24	床が濡れていたら、すぐに拭き取るように気をつけている。	
25	トイレや手洗い場、室内、廊下、テラスでは走らせない。	
26	トイレ用の洗剤や、消毒液は子どもの手の届かない所に置いている。	
27	水遊びをする時は、必ず保育士が付き添っている。	

28	散歩の時、園庭においても人数を確認している。	
29	道路では飛び出しに注意をしている。また交通ルールなどの安全指導をしている。	
30	歩道に危険なものがないか注意している。	
31	散歩の時は、動物、危険物（自動車・バイク・自転車・看板等）に触らないように気をつけている。	
32	信号を渡る時は、列を短くし、安全に迅速に渡るようにしている。	
33	手をつないで走ったり、階段の上り下りをしたりすると、転倒時に手がつきにくいことを話し指導している。	
34	散歩時に、枝・棒切れ・BB弾などを拾ったり、保育所に持ち込まないように指導している。	
35	前を見て歩かせ、列全体のスピードを考え誘導している。	
36	公園は年齢にあった公園を選び、遊ばせる際には十分に気をつけている。	
37	年齢にあった固定遊具であるか、雨などで滑りやすくなっていないかなど点検して遊ばせている。	
38	石や砂を投げてはいけないことを指導している。	
39	犬や動物はかんだり、鶏はつつくことがあることを子どもに教え、注意している。	
40	蜂の巣がないか点検している。	
41	蜂の嫌がることをすると刺されることを教えている。	
42	カエルを触った手で目をこすらないように注意している。	

○ チェックリスト（5歳児）

		所長	リスク マネジャー	担当

1	子どもの遊んでいる遊具や周りの安全を確認している。	
2	滑り台やブランコなど、固定遊具の遊び方の決まりを守らせるようにしている。	
3	滑り台の上でふざけたり、危険な遊びをさせないようにしている。	
4	園庭の状況にあった遊び方を選び、保育者は子どもの行動を常に確認できる状況である。	
5	子どもの足にあった靴か、体にあったサイズの衣類かを確認している。また、靴を正しく履いているか確認している。	
6	縄跳びの安全な遊び方やロープの正しい使い方を指導している。	
7	フェンス、門など、危険な高い所には登らないように指導している。	
8	ロッカーや棚は倒れないよう転倒防止策を講じている。また、ロッカーの上など落下物がないかチェックしている。	
9	室内は、整理整頓を行い、使用したものはすぐに収納場所へ片付けている。	
10	ハサミなどの器具は正しい使い方をさせ、安全な所に片付けている。	
11	調理活動中に、包丁・ピーラーを使用するときは、常に付き添い指導を行うようにしている。	
12	先の尖ったものを持つときは、人に向けたり、振り回したりしないように指導している。	
13	床が濡れていたらすぐに拭き取るようにしている。	
14	散歩のときは、人数確認をしている。	
15	道路では、飛び出しに注意をしている。また、交通ルールなどの安全指導をしている。	
16	手をつないで走ったり、階段の上り下りをしたりすると、転倒時に手がつきにくいことを話し指導している。	
17	前を見て歩かせ、列全体のスピードを考え誘導している。	
18	坂道は、勢いがつくことを保育者は理解し、指導している。	
19	公園は年齢にあった公園を選び、遊ばせる際には安全に十分気をつけている。	
20	石や砂を投げてはいけないことを指導している。	
21	犬や動物はかんだり、鶏はつつくことがあることを子どもに教え、注意している。	
22	蜂の嫌がることをすると刺されることを教えている。	
23	小動物（カエル・カナヘビなどを含む）を触った後は、手洗いをさせる。	
24	遊びでの危険を知らせ、自分でも判断できるよう指導している。	
25	散歩から帰った後のうがい、手洗い、水分補給を指導している。	
26	滑り台や鉄棒、登り棒は付近で指導し、保育士がいない時はやらないよう指導している。	

－53－

（参考資料の一覧）

1 「特定教育・保育施設等における事故の報告等について」（平成 27 年 2 月 16 日
　付け府政共生 96 号、26 初幼教第 30 号、雇児保発 0216 第 1 号）
　(http://www8.cao.go.jp/shoushi/shinseido/law/kodomo3houan/pdf/s-jikohou
　koku-t.pdf)

2 「水泳等の事故防止について」（平成 27 年 5 月 1 日付け 27 文科ス第 119 号）

3 「認定こども園においてプール活動・水遊びを行う場合の事故の防止について」
　（平成 27 年 6 月 8 日付け府子本第 157 号）
　(http://www.caa.go.jp/csic/action/pdf/150608_notice_cao.pdf)

4 「児童福祉施設等においてプール活動・水遊びを行う場合の事故の防止について」
　（平成 26 年 6 月 20 日付け雇児総発 0620 第 1 号）

5 「保育所及び認可外保育施設における事故防止の徹底等について」
　（平成 25 年 1 月 18 日付け事務連絡）

6 「保育所保育指針」（平成 20 年 3 月 28 日厚生労働省告示第 141 号）及び
　平成20年3月「保育所保育指針解説書」（第 5 章 健康及び安全）
　・保育指針
　　(http://www.mhlw.go.jp/bunya/kodomo/hoiku04/pdf/hoiku04a.pdf)
　・解説書
　　(http://www.mhlw.go.jp/bunya/kodomo/hoiku04/pdf/hoiku04b.pdf)

7 「保育所における感染症対策ガイドライン」（平成 24 年 11 月厚生労働省）
　(http://www.mhlw.go.jp/bunya/kodomo/pdf/hoiku02.pdf)

8 「保育所における食事の提供ガイドライン」（平成 24 年 3 月厚生労働省）
　(http://www.mhlw.go.jp/bunya/kodomo/pdf/shokujiguide.pdf)

9 「保育所におけるアレルギー対応ガイドライン」（平成 23 年 3 月厚生労働省）
　(http://www.mhlw.go.jp/bunya/kodomo/pdf/hoiku03.pdf)

（参考文献、地方自治体等の取組み例の一覧）

- 子どもの自殺が起きたときの緊急対応の手引き（平成 22 年 3 月 文部科学省）
  （http://www.mext.go.jp/b_menu/houdou/22/04/_icsFiles/afieldfile/2010/11/16/1292763_02.pdf）

- 子どもの自殺が起きたときの背景調査の指針（改訂版）（平成26年7月 児童生徒の自殺予防に関する調査研究協力者会議）
  （http://www.mext.go.jp/component/b_menu/shingi/toushin/_icsFiles/afieldfile/2014/09/10/1351863_02.pdf）

- 保育所事故対応指針（平成 25 年 6 月　愛知県）
  （http://www.pref.aichi.jp/soshiki/kosodate/0000062804.html）

- 上尾市立保育所危機対応要領（平成 19 年 3 月　上尾市健康福祉部子ども家庭課）
  （https://www.city.ageo.lg.jp/uploaded/attachment/751.pdf）

- 上尾市立保育所危機対応要領　資料編（平成 19 年 3 月　上尾市健康福祉部子ども家庭課）
  （https://www.city.ageo.lg.jp/uploaded/attachment/753.pdf）

- 安全保育（平成 25 年 3 月　三鷹市立保育園保健部会）

- 家庭的保育の安全ガイドライン（平成 24 年 3 月　NPO 法人家庭的保育全国連絡協議会）
  （http://www.familyhoiku.org/publish/pdf/guidline01.pdf）

- 保育園における事故防止と安全管理（平成 23 年 8 月　田中哲郎著）

- 保育現場の「深刻事故」対応ハンドブック（平成 26 年 6 月　山中龍宏、寺町東子、栗並えみ、掛札逸美共著）

■ 参考文献

1) 中目昭男著『ヒューマンエラー防止で減らす施設事故（高齢者福祉施設編）』三恵社, 2018 年

2) 内閣府・文部科学省・厚生労働省「特定教育・保育施設等における事故の報告等について」（平成 29 年 11 月 10 日 府子本第 912 号・29 初保発 1110 第 1 号・子子発 1110 第 1 号・子家発 1110 第 1 号）

3) 内閣府「令和元年教育・保育施設等における事故報告集計の公表及び事故防止対策について」（令和 2 年 6 月 26 日）

4) 内閣「特定教育・保育施設等における事故情報データベース」
https://www8.cao.go.jp/shoushi/shinseido/data/index.html

5) JAPAN SPORT COUNCIL「学校事故事例データベース」
https://www.jpnsport.go.jp/anzen/anzen_school/tabid/822/Default.aspx

6) 消費者庁・（独）国民生活センター「事故情報データバンクシステム」
http://www.jikojoho.go.jp/ai_national/

7) nite「製品事故情報・リコール情報」
https://www.nite.go.jp/jiko/jikojohou/index.html

8) 消費者庁「子どもを事故から守る！事故防止ポータル」
https://www.caa.go.jp/policies/policy/consumer_safety/child/

9) 厚生労働省「社会福祉施設等における災害時に備えたライフライン等の点検について」（平成 30 年 10 月 19 日 子ども家庭局子育て支援課等関係各課連名通知）

10) 中目昭男著『チャートとチェックリストで作る高齢者福祉施設ＢＣＰ（事業継続計画）マニュアル策定ガイド（震災編）』三恵社, 2014 年

11) 内閣府・文部科学省・厚生労働省「教育・保育施設等における事故防止及び事故発生時の対応のためのガイドライン【事故防止のための取組み】～施設・事業者向け～」（平成 28 年 3 月 31 日 府子本第 192 号・27 文科初第 1789 号・雇児保発 0331 第 3 号）

12) 東京都「平成 30 年度東京都保育士実態調査報告書」（2019 年 5 月）
https://www.fukushihoken.metro.tokyo.lg.jp/kodomo/shikaku/30hoikushichousa.html

13) 東京労働局・労働基準監督署「保育・児童施設の皆様へ労働災害を防止しましょう！」（平成 31 年 2 月）

14) 日本ヒューマンファクター研究所『品質とヒューマンファクター』日科技連出版, 2012 年

15) Reason, J. (1990). *Human Error*, Cambridge:Cambridge University Press. (十亀洋訳『ヒューマンエラー(完訳版)』海文堂出版, 2014 年。)

16) Reason, J. (1997). *Managing the Risks of Organizational Accidents*, Aldershot:Ashgate Publishing Limited. (塩見弘監訳, 高野研一, 佐相邦英訳『組織事故―起こるべくして起こる事故からの脱出』日科技連出版社, 1999 年。)

17) 谷村冨男著『ヒューマンエラーの分析と防止』日科技連出版, 1995 年

18) 厚生労働省「保育所保育指針解説」(平成 30 年 2 月)

19) 厚生労働省「福祉サービス第三者評価事業に 関する指針について」の全部改正について」(平成 26 年 4 月 1 日付け雇児発 0401 第 12 号、社援発 0401 第 33 号、老発 0401 第 11 号厚生労働省雇用均等・児童家 庭局長、社会・援護局長、老健局長連名通知)

・消費者庁『子どもを事故から守る事故防止ハンドブック』2019 年

・厚生労働省「保育所における感染症対策ガイドライン(2018 年改訂版)」(2018 年 3 月)

・厚生労働省「社会福祉施設等における感染症等発生時に係る報告について(通知)」(平成 17 年 2 月 22 日健発第 0222002 号・薬食発第 0222001 号・雇児発第 0222001 号・社援発第 0222002 号・老発第 0222001 号)

・東京都『保育園・幼稚園・学校における食物アレルギー日常生活・緊急時対応ガイドブック』(平成 26 年 7 月改訂)

索引

著者紹介

中目　昭男（なかのめ　あきお）

・中小企業診断士、社会福祉士、福祉住環境コーディネータ、消費生活アドバイザー
・1975年電気通信大学大学院修了、2009年日本福祉教育専門学校卒
・情報通信事業会社に入社し現場事業所マネジメントに長年従事した後、
　技術サービス開発会社にてマーケティング業務従事を経て独立。
　高齢者福祉サービスの開発支援、商店街と個店の活性化支援に従事。
　ヒューマンエラー防止、BCP策定などリスクマネジメント支援について
　調査・研究を行っている。

（主な著書）
・「チャートとチェックリストで作る高齢者福祉施設BCP(事業継続計画)
　マニュアル策定ガイド（震災編）」（三恵社）
・「ヒューマンエラー防止で減らす施設事故(高齢者福祉施設編)」（三恵社）

ヒューマンエラー防止で減らす保育事故（保育施設編）
～ヒヤリハット活動による安全で働きやすい職場づくり～

2020年11月25日　　初版発行

著　者　　中目　昭男

定価(本体価格2,000円+税)

発行所　　株式会社　三恵社
〒462-0056 愛知県名古屋市北区中丸町2-24-1
TEL 052 (915) 5211
FAX 052 (915) 5019
URL http://www.sankeisha.com

ISBN978-4-86693-312-2 C2034 ¥2000E